本项目承湖北文理学院协同育人专项经费支助

吟诗诵韵

——齐言韵诗赏析创作篇

胡水欣 著

华中科技大学出版社
中国·武汉

内容提要

本书是继《吟诗诵韵——蒙学篇》《吟诗诵韵——儒道篇》之后，笔者对吟诵学习的体会及思考进行的梳理和阶段性总结，适用于所有吟诵爱好者。

在撰写本书过程中，笔者结合自己的音乐专业理论知识，通过集中对程滨老师传承的戴君仁先生、陈少松老师传承的徐永端先生和刘季高先生，以及徐健顺老师传承的高文先生的传统吟诵进行各种文体的吟诵旋律对比，找寻出同一系统中的平起和仄起、绝句和律诗、近体和古体、五言和七言的吟诵旋律及形成规律。本书为吟诵爱好者在套调和创调方面的学习提供了有力的理论支撑。

图书在版编目 (CIP) 数据

吟诗诵韵 . 齐言韵诗赏析创作篇 / 胡水欣著 . -- 武汉 : 华中科技大学出版社 , 2020.10

ISBN 978-7-5680-6588-7

Ⅰ . ①吟… Ⅱ . ①胡… Ⅲ . ①古典诗歌—朗诵—中国 Ⅳ . ① H119

中国版本图书馆 CIP 数据核字 (2020) 第 201116 号

吟诗诵韵——齐言韵诗赏析创作篇 胡水欣 著

Yinshi Songyun—Qiyan Yunshi Shangxi Chuangzuopian

策划编辑：谢燕群
责任编辑：陈元玉
封面设计：原色设计
责任监印：徐 露
出版发行：华中科技大学出版社（中国. 武汉） 电话：（027）81321913
武汉市东湖新技术开发区华工科技园 邮编：430223
录 排：武汉金睿泰广告有限公司
印 刷：武汉科源印刷设计有限公司
开 本：710mm × 1000mm 1/16
印 张：12.25
字 数：165 千字
版 次：2020 年 10 月第 1 版第 1 次印刷
定 价：58.00 元

华中出版

前　言

QIANYAN

继《吟诗诵韵——蒙学篇》《吟诗诵韵——儒道篇》之后，笔者对吟诵学习的体会及思考进行梳理和阶段性总结，形成了本书。随着吟诵教育的普及，关于吟诵的书籍也呈琳琅满目之态。这些书籍分别从吟诵文体、吟诵方法、吟诵风格、吟诵教学等不同角度对吟诵的内涵及表现进行阐释，丰富了人们对于吟诵的了解与认知，极大地提升了人们对吟诵的接受度与喜爱度，对吟诵的普及教育有着非常积极的推动作用。

笔者认为，吟诵属于文学与音乐相结合的艺术，文学与音乐是吟诵艺术的一体两面。笔者作为一名音乐老师，在吟诵学习中，对吟诵旋律的“可听性”有着更多的思考和追求。笔者认为，在吟诵旋律的选择或创作中，除了做到徐健顺老师再三强调的“依字行腔，平长仄短”的“不错”（不倒字、不乱带节奏）要求外，还要达到陈少松老师极力推崇的“美听”效果。只有为诗词文本探寻到与之相契合的旋律音乐，方能彰显出吟诵艺术的独特魅力，从而激发出听者的学习动力。

本书就是笔者在学习吟诵的过程中，结合自己的音乐专业理论知识，从传统吟诵调的旋律中找寻出吟诵既“对”又“美”的吟诵旋律特点，从赏析学唱入手，通过模仿套用，最后达到自由创调的目的。

以下是笔者对本书的几点重要说明。

（1）在撰写本书过程中所引用的绝大部分观点及理论都是在汲取了前辈及专家现有科研成果的基础上发展和运用的。如徐健顺老师总结的吟诵法则：依字行腔，平长仄短，入声出口断。笔者撰写本书所参考的主要书目请见参考文献，在此对这些作者表示最为诚挚的敬意与感谢。

（2）本书吟诵赏析部分的资料来自徐健顺和陈琴主编的《我爱吟诵》（长

春出版社，2010年）、徐健顺和陈琴主编的《我爱吟诵》（广西师范大学出版社，2015年）、陈少松著的《古诗词文吟诵研究》（中华书局，2017年）中的音频资料。并集中对程滨老师传承的戴君仁先生，以及陈少松老师传承的徐永端先生和刘季高先生的传统吟诵进行各种文体的吟诵旋律比对，找寻出同一系统中的平起和仄起、绝句和律诗、近体和古体、五言和七言之间吟诵旋律的相互关系及形成规律。笔者在此对陈少松老师和程滨老师表示由衷的感谢。

（3）本书选用的吟诵范例均为五言、七言的各种诗体。笔者认为，若能将五言、七言的吟诵旋律全部寻根究底地弄明白——辨认出一句旋律中的骨干支撑音，知晓节奏伸缩的规律，掌握吟诵旋律的句式结构等方面，那么其他杂言韵诗的吟诵问题就可迎刃而解。

（4）关于记谱，吟诵是一种具有很强的即兴性与可变性的艺术。若按谱吟诵，则定会失去吟诵鲜活感发的魅力。但若不记谱，又无法对其进行音乐分析。所以，记谱只是为了方便对吟诵的分析，绝不是要求大家按谱吟诵。在音乐记谱中，小节线有着非常重要的功能，它规定着音乐发展时单位拍的强弱循环规律。而本书的吟诵记谱却没有使用小节线，因为吟诵是以诗文为主、旋律为辅的，由此形成的吟诵旋律就不能以音乐小节来划分的“乐句”为主，而应以吟诵文体划分的“语句”为主，其节奏句式完全仰仗吟诵文体自身字音的平仄和语句的意境。所以本书的吟诵记谱没有使用音乐意义上的小节线，而是以诗句为单位，一句一小节。为了达到最佳的记谱效果，笔者试用了各种打谱软件，最终采取了“Word简谱助手”打谱软件，这种打谱最接近笔者想要的记谱要求。

（5）本书附有谱例音频，通过扫描封底二维码即可获得。

学习是没有止境的，本书只是笔者将现阶段的思考和认知进行梳理和总结，其中的不足和谬误之处恳请各位同仁批评指正，非常感谢！

胡水欣

2020年4月19日

目　录

MULU

第一章
律诗总论

笔者认为，诗歌与音乐在发展的轨迹上有着一定的共同之处。就音乐来讲，人们在最初的早期创作时，基本上处于一种自然的无意识状态。这种音乐完全来自心灵深处那种需要歌唱的欲望，这种状态下创作出来的作品充满了感发的力量与天籁般的美妙，使音乐极具表现张力。这样的作品，一旦得到大家的认同和喜爱，就会被广为传播。在传播的过程中，就会出现不尽相同的模仿，然后又有了创作，又有了传播、模仿，循环往复，扩大……当这些音乐作品达到一定数量时，人们就会对此进行总结：所谓“好”的音乐，它有什么特征，具备哪些特性，等等。这些特性之类的总结，慢慢就成为大家所追求的理想音乐效果的必要保障，成为一条创作的规律，成为一条必须遵守的法则。内心复杂情感的抒发，可以通过一种形式变得简单而美好，这种为抒发情感而产生的“形式”，就会被确立、被推崇、被广为应用，慢慢达到这种形式美的最高峰。任何一种艺术形式，都会经历由萌发到兴盛到衰败，最终走向或消亡或转型与新形式并存的一系列过程。这是因为人类在审美过程中求变心理的天性使然，也与造就这种形式的社会环境、文化土壤息息相关。而整个音乐就在这些不同形式的构建、瓦解、再构建、再瓦解的循环往复中发展。这其中没有好与坏，也没有对与错。所有的艺术形式都是为了顺应时代而产生的一种文化现象。音乐如此，诗歌亦然。在音乐的和声与曲式分析课程中，老师历来都是使用维也纳古典作品作为讲解的课例。这其中的缘由，不是这个时期的音乐作品极为优秀，也不是这个时期的音乐作品很简单，而是这个时期的音乐作品无论是在旋律的走向，还是在和声的使用、调性的布局以及曲式的结构等方面都有着极为严谨的规范和近乎苛责的要求。而在这众多的规则之下所产生的经典名作，当然就成为供后人学习的典范。有章可循，有法可依，是所有初学者为之庆幸的事情。在维也纳古典乐派之前的浩如烟海的作品中，不乏精品，历代音乐家不遗余力地对音乐进行各种大胆尝试，试图寻找思想情感与音乐形式之间最佳的组合方式。而维也纳古典时期可视为集音乐发展之大成的时期。其音乐在典雅中流露出亲切，在精致中彰显出崇高。音乐不仅可带来听觉享受，其乐谱也充满了均衡、匀称的视觉美感。可当这种音乐形式发展到极致时，就会出现被打破的局面，从节奏、和声、调性、曲式等各个方面进行打破……由此衍生出各种新的能够适应更多情绪表达的音乐样式。维也纳古典音乐是过去所有音乐成就的集结综合，又是后来各种音乐样式的发端起源。所以，无论是研究欧洲的过往音乐，还是现代音乐，维也纳古典音乐都是一扇丰碑似的大门，庄严地耸立在那里。只有叩开它，才能得以通往欧洲音乐的过往古今之路。

而中国的律诗，向来享有“戴着枷锁舞蹈”的声誉，创作中虽然充满了各种限制，但这种限制并没有影响到诗句的情感表达，也没有妨碍到诗人的创作欲望。整个唐代创作的律诗，在思想意境的高度上及选材立意的广度上，所产生的艺术与技术完美结合的精品，在数量与质量上都是史无前例、后无超越的。

西方的维也纳古典音乐，其地位宛如中国诗歌的唐代律诗。所以，要想了解中国诗歌的精髓所在，对唐代律诗的认识和把握应首当其冲。所以，本书拟定的赏析文本以唐代齐言韵诗为主，次第为先五言后七言、先绝句后律体、先近体后古体。

律体诗也称近体诗，是专指唐代新兴的一种诗体，也就是我们通常所说的律诗。律诗在字数、句数、韵脚、声调、对仗等各个方面都较古体诗有着更多的讲究和要求。

律诗的定义包括三点（排律除外），即篇有定句，句有定字，字有定声。

一、篇有定句

无论是五言还是七言，律诗都为四联、八句。其中每两句为一联，一二句为首联，三四句为颔联，五六句为颈联，七八句为尾联。绝句则为两联、四句。绝句中的“绝”，有着截断的意思。绝句就是截取律诗中的两联，而构成诗歌体裁。当然，这种说法只是针对吟诵而言。绝句相比律诗，除了在句数上少了四句外，对仗方面也表现得宽松许多。

二、句有定字

无论是律诗还是绝句，五言统统是每句五个字，一首五绝为二十个字，五律则多一倍，一首为四十个字。七言每句为七个字，一首七绝为二十八个字，七律为五十六个字。

三、字有定声

字有定声是学习吟诵必须掌握的要点。所谓的字有定声，是指在近体诗中平仄使用的相对关系。这就涉及一种音韵格式，一种平仄使用的安排规律。这主要从两个方面来讲，一方面是“字有定声”中的“字”；另一方面是“字有定声”中的“声”。而“字有定声”中的“字”又包含位于句中的“拍点字”和位于句尾的“韵字”。

（一）“字有定声”中的“字”

1. 律诗句中的“拍点字”

汉字是一字一音的，比如“脸”，中文就一个音，而英文为 face，face 听上去是由两个音组成的，即“费”和“斯”。虽然字是一字一音的，表一个意，可在日常使用时，通常会将两个字组合起来进行辅助表达，特别是名词，如“眉”，我们通常会说“眉毛”；“椅”，我们会说“椅子”；“月”，我们会说“月亮”；等等。所以，文章和诗句中的音节，多以两个字为一个节奏单位，我们通常称为“音步”。在五言律诗每句的五个字中包含两个音步，七言律诗每句的七个字中则包括三个音步。每个音步的第二个字就是我们所说的“拍点字”。因此五言律诗有两个拍点字，一般多为第二个字和第四个字，七言律诗有三个拍点字，一般多为第二个字、第四个字和第六个字。律诗中所讲的“字有定声”中的“字”，指的就是位于每句偶数位上的“拍点字”。例如：

（1）白居易《池上》中的红色字。

小娃撑小艇，
偷采白莲回。
不解藏踪迹，
浮萍一道开。

（2）杜甫《绝句》中的红色字。

两个黄鹂鸣翠柳，
一行白鹭上青天。
窗含西岭千秋雪，
门泊东吴万里船。

2. 律诗句尾的“韵字”

韵字，是指在律诗中位于偶数诗句的最后一个字，而且这个字必须同属一个韵部的平声字。唐代律诗的韵部是依据“平水韵”来进行创作的（“平水韵”是因宋末平水人刘渊而得名，他依据唐人用韵的情况，把汉字划分成106个韵部（其书今佚），每个韵部包含若干字）。诗歌在偶数句的句尾用韵字进行押韵的目的很简单，就是好听、好记，方便传播。我们最熟悉的外国诗，大概属匈牙利诗人裴多菲（1823—1849）写的《自由与爱情》：

生命诚可贵，
爱情价更高，
若为自由故，
二者皆可抛。

究其原因，要感谢翻译这首诗的作者殷夫，他是按照我国作诗所遵循的押韵传统来进行翻译的。其中第二句的“高”和第四句的“抛”都押“ao”韵。但这两个字在古体中是分属两个不同的韵部，“高”属于“下平四豪”的韵部，而

“抛”则属于“下平三肴”的韵部。这在律诗的创作中是不可以的。下面还是用一首古诗来作范例，如孟浩然的《宿建德江》（红色字为韵字）：

移舟泊烟渚，
日暮客愁新。
野旷天低树，
江清月近人。

第二句最后一个“新”字和第四句最后一个“人”字，押的都是“上平十一真”韵部里的韵字。

（二）“字有定声”中的“声”

所谓的“声”，指的就是语音、语调。现代汉语中有四声，分别是阴平、阳平、上声和去声，其中阴平和阳平属平声；上声和去声属仄声。仄就是不平的意思。而古代汉语也分四声，分别是平声、上声、去声和入声。除平声外，上声、去声和入声都属于仄声。在仄声的范畴中，相比现代汉语多了一个“入声”。入声的判断在吟诵中非常重要，中国的语言讲究“抑扬顿挫”，这其中的“顿挫”之音即来自入声字。其情绪符号相当于乐谱中的“▼”，发音不仅短，而且促。古代汉语中的入声字，现在分别被派送到平、上、去三声当中，如现代汉语中的平声字“八、白、出、得”等在古代汉语中都属于“入声”字的范畴。如果平仄没有分清楚，那么该字的高低长短就会出错，在理解上就会出现偏差。入声的掌握虽然重要，但在记忆上却没什么特别的方法与技巧，唯有多看。

中国古代文学其实是一种听觉艺术，所有的情绪、意境都是通过高低长短的平仄四声来表达的。“字有定声”确切地说指的就是“拍点字”在诗中的平仄关系。律诗的创作在“字有定声”方面有三点要求：一句之中平仄相间；一联之中平仄相对；两联之间平仄相黏。

1. 平仄相间

为了让诗句读起来更具高低长短的音乐美感，要求诗句中位于“拍点”上的字在发音的平仄上交替使用，读起来高低相迭，长短相错，其声音就会显得悦耳动听、铿锵有力。例如：李白的《独坐敬亭山》下加线的为拍点字，红色为平声字，绿色为仄声字。

众鸟高飞尽，
孤云独去闲。
相看两不厌，
只有敬亭山。

这首诗的平仄关系是：仄平、平仄，平仄、仄平。因为绝句的平仄要求非常严谨，所以第三句中的“看”字，根据绝句的平仄规律，应该读平声，不能随口念成第四声。（依此类推，李白的另一首诗：日照香炉生紫烟，遥看瀑布挂前川。其中“遥看”的“看”也应读平声。）

王昌龄的《闺怨》：

闺中少妇不知愁，
春日凝妆上翠楼。
忽见陌头杨柳色，
悔教夫婿觅封侯。

根据已经掌握的平仄规律，第四句“悔教夫婿觅封侯”中的“教”应读平声，有使、令、让等意。

这首诗的平仄关系是：平仄平、仄平仄，仄平仄、平仄平。

2. 平仄相对

平仄相对是指一联之中出句和对句在拍点字的平仄上为相对关系。例如：杜甫的《旅夜书怀》，红色为平声字，绿色为仄声字。

细草微风岸，
危樯独夜舟。（首联）
星垂平野阔，
月涌大江流。（颔联）

名岂文章著，
官应老病休。（颈联）
飘飘何所似？
天地一沙鸥。（尾联）

我们看每联中的两句，在拍点字的平仄使用上都是相对的。

3. 平仄相黏

平仄相黏是指每联的出句和上一联的对句在拍点字的平仄上为相同关系。例如：杜甫的《旅夜书怀》，②与③、④与⑤、⑥与⑦的平仄关系皆是相同的：

① 细草微风岸，
② 危樯独夜舟。
③ 星垂平野阔，
④ 月涌大江流。
⑤ 名岂文章著，
⑥ 官应老病休。
⑦ 飘飘何所似？
⑧ 天地一沙鸥。

以上就是对律诗定义中篇有定句、句有定字、字有定声的大致阐述。还需补充一点的就是律诗中的“对仗”。对仗一般在颔联和颈联中使用。对于吟诵来讲，“对仗”不是重点，但对于律诗创作来说，“对仗”却是精华所在。它要求颔联和颈联中的出句和对句在同一结构位置上的词语必须“词性相同，平仄相对”，并力求避免上下句在同一结构位置上重复使用同一词语。如刘禹锡《酬白乐天》中的颈联为：

沉舟侧畔千帆过，
病树前头万木春。

“沉舟”与“病树”在相同的位置上使用了相同的名词词性，“沉舟”是两个平声，“病树”是两个仄声，完全符合“词性相同，平仄相对”的对仗要求；“侧畔”与“前头”是两个方位词，“侧畔”是两个仄声字，“前头”则是与之相对的两个平声字；“千”与“万”是两个数词，“帆”与“木”是两个名词，“过”与“春”是两个动词。这一联无论从哪个方面都完全符合对仗原则，是典型的对仗联句。格律诗词的对仗大大增强了语言音韵的节奏感，达到了表现形式上的高度完美。对仗在诗词的创作上非常具有艺术特色，每句的字数必须一致，看起来整齐醒目，充分展示其形式美；平仄交替，读起来朗朗上口，听起来铿锵悦耳，使之对诗文的理解和记忆有着很大的帮助。吟诵就是一种真实表达自己情感的艺术形式，或者说是一种正确的、真实的读书方式。所有的文字用吟诵的方式呈现出来，不求艺术性的上下高低，但求理解与表述之间的准确贴近。如何做到，只需牢记“依字行腔，平长仄短，入声出口断”和“大胆唱，反复多次唱，动脑用心唱”即可。

第二章 五言韵诗的吟诵及赏析

吟诵的历史悠久，风格多样。传统的吟诵调经历了岁月的洗礼，历史的变迁，通过家长和老师的口传心授，才得以代代相传，生生不息，流传至今。所以现存的传统吟诵调显得格外的弥足珍贵，这些传统的吟诵调不是某个人在某一时期独自进行创作的，而是经过几千年的世代相传，数百万读书人的反复打磨才呈现出的一个可以将语言、文字、音乐进行高度融合的适用于相同文体的吟诵样式模板。当然，这个模板在使用时不可生搬硬套，要根据具体的情况加以变化调整，将其进行灵活运用，方能彰显出“模板”的魅力与意义。所以，在学吟阶段，我们以学习传统吟诵调为主，充分体会、感知传统吟诵带给我们的翰墨流离、曲意风华。

本书通过对 40 首传统吟诵调的学吟赏析，将掌握平起五绝、仄起五绝、平起五律、仄起五律、五言古体、平起七绝、仄起七绝、平起七律、仄起七律、七言古体十种不同体裁的吟诵。除了掌握这些经典吟诵旋律外，还要了解平起与仄起的不同文体在吟诵旋律中的相互关系，以及律诗与绝句之间旋律的架构对应等方面的问题，为下一阶段的“套调练习”做好充分的准备。

在讲解吟诵之前，要再强调一下诗文吟诵的步骤。

第一，辨明体裁，通过句数、字数、押韵及平仄规律等因素，确定诗文具体属于什么体裁，是平起律绝还是仄起古绝，等等。这一步很重要，因为当能辨明体裁之后，就可以根据现有喜爱的经典同体裁吟诵调去进行套用。而使吟诵旋律“有章可循，有法可依”，不至于在初学阶段不知如何开口，或者贸然出错。

第二，找出诗文中的关键字，包括韵字、拍点上可拖长的字，以及入声字等。在吟诵时，分清平仄显得尤为重要，因为平仄不仅决定吟诵旋律的高低走向，而且决定吟诵节奏的长短快慢。在吟诵前，只有先把诗句中所有的平仄字及韵字弄清楚，才能准确地把握住整首诗所传达出的气韵意境。这一步不仅是灵活运用传统吟诵调的法门，更是自创吟诵调的关键。所有传统吟诵调不可“生搬硬套”，使用时都要根据具体的诗文进行相应的调整，由此才能把握住传统吟诵调的精髓所在，方能彰显出其可以广泛“适用”的经典性。

第三，仔细分析诗文的字音与字意，反复打磨“唱腔”，充分体会由声音带动诗文后所传递给我们的感发力量。将我们的情感深深化入诗文的内在，与经典合一，与美妙同在。这一点才是吟诵最根本的目的。

一、平起五绝的吟诵及赏析

1. 王维　《鸟鸣涧》

人闲桂花落，
夜静春山空。
月出惊山鸟，
时鸣春涧中。

注：蓝色为韵字，红色为拍点上的平声字，绿色为拍点上的仄声字。

吟诵的第一步是辨明体裁。根据这首诗有四句、每句五个字这一点，我们可一眼判断出该诗属于五绝，再根据第二句和第四句的最后一个字押的是“空”和“中”这两个字，同属“上平一东”韵部里的字，就可断定该诗为五言律绝。

最后看其每句的平仄关系，除了第一句的第四个字应是仄声字，作者用了一个平声字“花”不合规则以外，其余的平仄关系都符合平起五绝的特点，因为第一句的第二个字“闲”是平生字，所以这首诗总体来看，属于五言平起律绝。

吟诵的第二步是找出诗文中的关键字。韵字和拍点上的平声字在吟诵时是要进行相对拖长音处理的字，如诗中红色的字；仄声字及非拍点上的平声字属于不需要拖长音处理的字，如诗中黑色的字；入声字则一定要做到出口即断，如诗中绿色的字。

王维　《鸟鸣涧》

人闲桂花落，

夜静春山空。

月出惊山鸟，

时鸣春涧中。

根据以上各种判断来读一下这首诗，感受一下“平长仄短，依字行腔”的具体落实情况。相对而言，“平长仄短”比较容易把握，而在“依字行腔”这一点上对初学者来讲稍微困难了点。其实也很简单，字音怎么读，旋律线就怎么走。徐健顺老师在教我们初学吟诵时，特别强调让我们伸出手，在读、吟的时候跟着读音的平仄进行高低长短的比画，这样做非常有效，很大程度上不仅避免了“倒字”错误的发生，而且对文体的理解和记忆也起着意想不到的促进作用。

本书在没有特别说明的情况下，所有的传统吟诵调基本来自徐健顺、陈琴两位老师主编的《我爱吟诵》这套书中的音频资料。

谱例【1.1】的这首《鸟鸣涧》的吟诵调是来自彭世强老师的吟诵旋律。

当大家将一个吟诵调掌握之后，就要在反复的吟诵中去推敲，去运化吸收诗文给我们带来的声色之美和丰富的情感体验。王维素有“诗佛”之称，佛法里面的“空”是最耐人寻味的。在王维的诗句中有大量对“空”字的使用，例如：空山新雨后，天气晚来秋；空山不见人，但闻人语响；山路元无雨，空翠湿人衣等。诗人对山的“空”有很多的观察描写。在《鸟鸣涧》这首诗里，作者通过“人闲、夜静、山空”这几个词充分显示出诗文中“静”的一面。但诗文中也用了其“动”的许多面，如有花的“落”、月的“出”、鸟因“惊”而在山涧中的“鸣”。这里面的“动静结合”极具画面感，所营造的意境给读者以广阔的空间想象，充分显示出王维作为一个画家，在其诗文中所体现出的优势与特点。苏轼对王维的评价极高：味摩诘之诗，诗中有画；观摩诘之画，画中有诗。王维不仅在绘画上取得了很大的成就，在音乐上同样有很深的造诣，曾担任“太乐丞”专门负责朝廷礼乐事宜的官职。

我们在吟诵《鸟鸣涧》这首诗的时候，一定要注意气息的稳定和音色的统一，要将诗中的禅意尽可能地表现出来，要将一种和名利无任何关系的闲适感传达出来。所以吟诵时，不需要忽强忽弱、忽快忽慢地做一些费力不讨好的情感处理，按照本来的字音、平稳的吟诵就好。笔者觉得读王维的诗就像听海顿的音乐一样，不需要去过多地揣摩其创作目的、创作思想，只用放心地去享受、体会其作品中的精美就可以了。

谱例【1.2】的这首《鸟鸣涧》是由陈少松老师传调，源自刘季高先生的吟诵调。体会一下同样的诗文、不同的吟诵旋律所带给我们的体验。

通过这两个吟诵调的学习，我们可以知晓一首诗的吟诵调有多种不同的旋律样式。但是都遵循了基本规则：依字行腔，平长仄短，入声出口断。

2. 白居易　《池上》

小娃撑小艇，
偷采白莲回。
不解藏踪迹，
浮萍一道开。

这首诗的韵字是 “回”和“开”，这两个字属于“上平十灰”韵部里的字。这首诗的平仄非常规整：第一句平仄，第二句仄平，第三句仄平，第四句平仄。

第二句“偷采白莲回”的“回”不读“hui”而应读“huai”，只有这样，才能与第四句的“开”押韵。

这首诗选用的是程滨老师传调，源自戴君仁先生的浙江吟诵调。南方曲折婉转的旋律，配合诗文中谐谑可爱的画面，更平添了江南水乡的美景和盛世孩童的天真顽皮。所以，在吟诵时一定要将此诗的“趣”字尽可能地表现出来。注意，吟诵时速度不要过于冗长，音区不要过低，以免显得哀怨凄凉。

请参看谱例【1.3】。

3. 孟浩然　《宿建德江》

移舟泊烟渚，

日暮客愁新。

野旷天低树，

江清月近人。

“新”和“人”同属“上平十一真”韵部里的字。

孟浩然（689 年或 691 年—740 年），名浩，字浩然，号孟山人，襄州襄阳（今湖北）人，又称孟襄阳，盛唐著名诗人。

孟浩然的诗绝大部分为五言短篇，题材不宽，多写山水田园和隐逸行旅等内容，现存《孟浩然集》一本诗。孟浩然是继陶渊明、谢灵运之后开盛唐田园山水诗派的先声，其诗歌创作以五言最为出众，内容多以山水田园和隐逸行旅题材为主，情致清微淡远，超然脱俗。以其真诚质朴的诗风与王维一起将盛唐时期的山水田园诗派推向一个高峰。孟浩然一生仕途困顿，是唐代大诗人当中没做过官的第一人。这首《宿建德江》既是孟浩然于唐玄宗开元十八年（730 年）离开襄阳赴洛阳求官未果之后，为排遣仕途上的失意而漫游吴越时写下的千古名篇，所以整首诗在清幽淡愁中透露出一种心灰凄冷的沧桑感。

这首诗选用的还是由程滨先生传调，源自戴君仁先生的浙江吟诵调。在学吟中，我们可以感受到这个吟诵调与《池上》吟诵调的旋律完全相同。在旋律音调相同的情况下，就要根据诗文内容的意义和诗文的平仄安排两个方面在“腔”上面多做些调整，从而体现这种经典传统吟诵调广泛的适应性。

《宿建德江》和《池上》这两个吟诵调从谱面上看没什么区别，因为它们同属平起五绝，所以它们的平仄关系是大同小异的，其吟诵调的高低长短也基本一致。可是这两首诗的意境与情绪却截然不同，那我们如何用相同的旋律表达出不同的情绪呢？在音乐中，这种情况属于“二度创作”范畴。同一个音乐作品，由不同的人进行演唱、演奏、指挥，所表现出的艺术效果是不尽相同的，这是因为在音高、音长相对固定的情况下，还有音色、音区、音强及音速等很多的“创作空间”。

《池上》这首诗在吟诵方面是要凸显其“趣”字，吟诵时要调动所有的喜感去表现诗句中孩童的可爱天真。而《宿建德江》这首诗突出的却是“愁”字，所以在音速、音强和音区上要相互配合，应尽量靠近作者的内心，充分体会诗人的孤独和无法释怀的惆怅，达到与之共情的意境。就笔者的吟诵经验来说，吟诵时一定要在对诗文的理解基础上具有画面感和代入感，将自己全身心地置身于诗文的情境之中，否则吟诵出来的诗句没什么情感和意义。

注：《宿建德江》这首诗的第二句“日暮客愁新”中，三个入声字“日暮客”连用，宛如哽咽之感，更加表现出作者的无奈愁苦之情。在吟诵时一定要小心把握，这一串的入声字既要断开，又不能生硬，这其中的强弱快慢需要在吟诵中反复揣摩体会。

请参看谱例【1.4】。

4. 李清照　《夏日绝句》

生当作人杰，
死亦为鬼雄。
至今思项羽，
不肯过江东。

提起李清照，我们的脑海里就会蹦出“婉约”两个字，会和“愁、幽、秋”等字眼结合在一起。可是我们看看这首诗，是多么的大丈夫，真是有一种“力拔山兮”的英雄气概。

这首诗押的是“上平一东”韵，这个韵总体上给人一种中正、庄严的感觉。这首《夏日绝句》起调高亢，正气凛然，鲜明地提出了人生的价值取向：人活着就是要建功立业，做人中的豪杰；死也要为国捐躯，要成为鬼中的英雄。将那种生死都无愧为英雄豪杰的气魄展现在读者面前，让君子肃然起敬，使小人望而生畏。这种所向无惧的人生姿态，要何等的气魄方可得以承载。

全诗只有短短的二十个字，却连用三个典故，可谓字字珠玑。

（1）人杰。刘邦曰："夫运筹帷幄之中，决胜千里之外，吾不如子房；镇国家，抚百姓，给饷馈，不绝粮道，吾不如萧何；连百万之众，战必胜，攻必取，吾不如韩信。三者皆人杰，吾能用之，此吾所以取天下者也。"（高祖本纪）人中的豪杰。汉高祖曾称赞开国功臣张良、萧何、韩信是"人杰"。

（2）鬼雄。屈原《国殇》："身既死兮神以灵，魂魄毅兮为鬼雄。"

（3）项羽（公元前232年—前202年）：秦末下相（今江苏宿迁市西南）人。他曾领导起义军消灭秦军主力，自立为西楚霸王，后被刘邦打败，突围至乌江（今安徽和县），自刎而死。人死而神不灭。

关于项羽战败自刎而死，先后曾有三位诗人为之作诗，除这首《夏日绝句》外，还有杜牧的《题乌江亭》和王安石的《叠题乌江亭》两首诗。

杜牧 《题乌江亭》

胜败兵家事不期，
包羞忍耻是男儿。
江东子弟多才俊，
卷土重来未可知。

王安石 《叠题乌江亭》

百战疲劳壮士哀，
中原一败势难回。
江东子弟今虽在，
肯与君王卷土来？

以上两首诗都要早于李清照的《夏日绝句》，但却没有李清照的这首诗有名。李清照的诗不仅气度不凡，在平仄规则的使用上也显得比较"桀骜不驯"，第一句中的两个拍点字居然都是平声字，而第二句中的两个拍点字又都用了仄声字，这种情况属于近体诗中的拗救现象，吟诵的时候也要格外注意调整它的音高和音长。徐健顺老师说，此诗雄浑豪迈，吟诵时应有叱咤风云、睥睨千古之势。这个吟诵调还是选用与《池上》、《宿建德江》相同的吟诵旋律，目的在于如何将一个旋律演绎成活泼谐谑、顿挫惆怅、慷慨激昂等各种不同的情绪，该如何在“腔”上多下功夫。

请参看谱例【1.5】。

5. 小结

通过四首诗（五个谱例）平起五绝的吟诵学习，应掌握以下几方面内容。

（1）学会三种经典的平起五绝传统吟诵调。

（2）体会同词不同调的吟诵特点，牢牢记住“依字行腔，平长仄短，入声出口断”的吟诵法则。

（3）揣摩“同调不同腔”的变化唱法。如何通过音高、音量、音长、音色等音乐的物理属性来调整吟诵的腔音，从而达到与诗人共情的理想高度。

二、仄起五绝的吟诵及赏析

仄起五绝和平起五绝的唯一区别在于，第一句的第二个字是仄声字而非平声字。

通过对平起五绝的吟诵学习后，能大致感受到在吟诵中“套调”的基本方法和技巧。虽然学了四首诗（五个谱例）的吟诵，其实只学了三个传统吟诵旋律。在仄起五绝中，下面继续学习两首诗新的吟诵调，然后多做一些“套调练习”进行巩固。

1. 王之涣　《登鹳雀楼》

白日依山尽，
黄河入海流。
欲穷千里目，
更上一层楼。

这首诗押的是“下平十一尤”韵，尤韵是一个比较幽远抒情的韵，是历代文人经常使用的一个韵。相信这首诗很多读者都耳熟能详，因为它太有名了。特别是最后一句“欲穷千里目，更上一层楼。”是曾经留言赠别的经典名句。但是通过徐健顺老师的讲述后，完全颠覆了笔者对这首诗的认知。这首诗的情绪并不是开阔激昂的，其目的也不是催人奋发向上的。整首诗充满了对时光流逝的感慨，以及欲说还休的忧思。

这首诗的吟诵调选自戴学忱老师的吟诵旋律，戴学忱老师是一位歌唱家，她的吟诵调几乎都是珍品。在此向她表达由衷的感谢和敬意。

请参看谱例【2.1】。

从吟诵中我们可以充分地感受到作者对逝去时光无法挽回的遗憾和惆怅。这首诗从字面上就包含两个带有忧思含恨的意象。一个意象是江水的“流”，另一个意象是更上的“楼”。无论是大江大河，还是山涧小溪，所有的水都是不分白天黑夜地流淌，就像人生所处的时间一样，逝去了再也无法回头。每当有志之士壮志难酬时，看到不息的流水，更多想到的是自己生不逢时，以及仕途多舛的命运。

第一个意象用流水抒发时光短暂，岁月匆匆的是孔子，他在《论语》中记载：子在川上曰：“逝者如斯夫，不舍昼夜”。从这以后，就有了“百川东到海，何时复西归”、“君不见，黄河之水天上来，奔流到海不复回”、“浮云一别后，流水十年间”等脍炙人口的、被赋予了时间易逝、人生苦短的慨叹佳句。

《金粉世家》的作者是被尊称为现代文学史上的“通俗文学大师”第一人和“章回小说大家”的张心远，其笔名为“张恨水”。我小时候见到“张恨水”这个名字时就很纳闷：这人名字真怪，为什么要恨水呢？现在看来，从某种意义上来讲，人人都“恨水”啊。

另一个意象“楼”。这个意象更不用多说，这些经典名句充分说明了古代文人的“楼”和“愁”总是紧密联系在一起的。

伫倚危楼风细细，望极春愁，黯黯生天际。

无言独上西楼，月如钩。寂寞梧桐深院锁清秋。

明月楼高休独倚，酒入愁肠，化作相思泪。

无事莫登楼，雨打梨花点点愁。

少年不识愁滋味，爱上层楼，爱上层楼，为赋新词强说愁。

综上所述，无论是从字面的意象上还是从字音的平仄上，都证明了《登鹳雀楼》说的是文人伤春悲秋之事，与上进激越无关。很好地印证了徐健顺老师反复的感慨之辞：诗词是要吟诵的，声音是有意义的……

2. 王安石　《梅花》

墙角数枝梅，
凌寒独自开。
遥知不是雪，
为有暗香来。

王安石（1021年—1086年），字介甫，号半山，抚州临川（今江西抚州）人，北宋著名的思想家、政治家、文学家。

梅兰竹菊四君子，千百年来一直被历代的文人墨客、隐逸君子所推崇赏识。他们将人格力量、道德情操以及文化内涵倾注在“四君子”中，通过“四君子”来寄托自己的理想，实现自我的人格追求。兰，取其幽雅空灵、清新高贵之气；菊，取其冷艳清贞、傲霜不屈之势；竹，取其虚心有节、潇洒刚正之风骨。而梅，则兼有兰之清幽、菊之冷傲、竹之风骨，在四君子中最受文人青睐。颂梅咏梅的诗词也最为丰富多彩，例如：

不经一番寒彻骨，怎得梅花扑鼻香。

——黄檗禅师《上堂开示颂》

冰雪林中著此身，不同桃李混芳尘。

——王冕《白梅》

寻常一样窗前月，才有梅花便不同。

——杜耒《寒夜》

零落成泥碾作尘，只有香如故。

——陆游《卜算子·咏梅》

雪虐风饕愈凛然，花中气节最高坚。

——陆游《落梅》

香非在蕊，香非在萼，骨中香彻。

——晁补之《盐角儿·亳社观梅》

玉骨那愁瘴雾，冰姿自有仙风。

——苏轼《西江月·梅花》

雪里已知春信至，寒梅点缀琼枝腻。

——李清照《渔家傲·雪里已知春信至》

忽然一夜清香发，散作乾坤万里春。

——王冕《白梅》

王安石的《梅花》选自陈少松老师传调，源自刘季高先生的吟诵调。

请参看谱例【2.2】。

3. 宋之问　《渡汉江》

岭外音书断，

经冬复历春。

近乡情更怯，

不敢问来人。

这首诗的韵字“春”和“人”都属“上平十一真”韵部里的字。整首诗的诗眼应在第三句的“怯”字上。

这是宋之问从泷州（今广东罗定市）贬所逃归，途经汉江时写的一首诗。诗中充满了对家乡亲人情真意切的挂念，离家越近，却越不敢打探家乡的消息，担心听到坏消息，伤害了自己美好的愿望。该诗用字浅显，却意境深邃，将这种对故乡亲人的思念，抒写的矛盾忐忑、自然情深，充分展示出作者在创作中对心理入微描摹的精湛实力。

宋之问与沈佺期齐名，并称“沈宋”，他们对诗的声律化发展有着重大的贡献。他们明确划开了古体诗和近体诗的界限，为近体诗的定型起到了关键作用，是唐代格律诗的代表人物。作为文人，宋之问对格律诗的贡献功不可没。作为政客，宋之问却因政治上的趋炎附势而遭人唾弃，他媚附武则天的男宠张易之、张昌宗两兄弟。神龙元年（705）正月，宰相张柬之（襄阳人）等逼武后退位，诛杀张易之、张昌宗两兄弟，迎立唐中宗登基继位之后，宋之问随之被贬，而他的好诗，基本上都是在贬谪以后写的，其怀乡思亲的情绪感人至深。除这首《渡汉江》外，为世人广为传颂的还有《度大庾岭》：

度岭方辞国，
停轺一望家。
魂随南翥鸟，
泪尽北枝花。
山雨初含霁，
江云欲变霞。
但令归有日，
不敢恨长沙。

《渡汉江》选自程滨老师传调，源自戴君仁先生的浙江吟诵调。

请参看谱例【2.3】。

在此做一个总说明，程滨老师作为戴君仁先生浙江吟诵调的传人，在《我爱吟诵》这套书中共录制了64个音频。除平起七律和仄起七律两种体裁没涉及外，其他包括杂言和散文均有所涉及。所以程滨老师的传统吟诵资料最具系统性，笔者在研究传统吟诵旋律的规律时，是将其所有的吟诵调旋律统统进行记谱比对，从中找出音乐与诗文结构的相互规律。

接下来通过谱例来分析由程滨老师传承的平起五绝《宿建德江》和仄起五绝

《渡汉江》两首诗的吟诵旋律，感受在同一体系中平起五绝和仄起五绝的吟诵旋律之间的旋律关系。

请参看谱例【2.4】。

通过谱例【2.4】中的色块儿可以清楚地看到平起五绝和仄起五绝吟诵旋律的异同之处。

其相同之处包括以下几方面。

（1）两首诗的三、四两句的吟诵旋律基本相同，如黄色图标。

（2）两首诗的一、二两句末尾的旋律基本相同，如绿色和红色图标。

（3）一、二两句所使用的骨干音是一样的，都是 123（do rai mi）三个音，只是排列有些不同罢了。平起的把高音放在了后面，仄起的把高音放在了前面。

其不同之处包括以下几方面。

（1）仄起五绝采用的是“曲首冠音”的写法，情绪在作品的一开始就有非常强烈、饱满的表达。

（2）平起从第一句末至第二句的链接旋律采用的是音阶下行手法，将愁绪做了一个缓慢推进；而仄起的第一句末至第二句的衔接采用了下行纯四度的手法，这种向下的大跳音程所传递出来的惆怅较第一种要显得更为强烈一些。

接下来分析由陈少松老师传承的平起五绝《鸟鸣涧》和仄起五绝《梅花》两首诗的吟诵旋律，感受在刘季高先生吟诵体系中平起和仄起的吟诵旋律之间的旋律关系是否与戴君仁先生吟诵体系的旋律关系相同。

请参看谱例【2.5】。

通过谱例【2.5】可以看出，由陈少松老师传承的刘季高先生的吟诵调，其平起五绝和仄起五绝的吟诵旋律不像戴君仁先生吟诵调中有较为明显的重复部分，但同样有其体系中的共同特征。

（1）其旋律以级进和小跳为主，仅出现5至$\dot{1}$的四度上行和5至2的四度下行。

（2）喜欢用 323、321、656、$\dot{1}$65 等旋律短句。

（3）尽管平起五绝和仄起五绝的调式不同，一个是c宫调式、一个是g徵调式，但它们都是以“356i”为骨干音构成的旋律。

4. 小结

通过三首仄起五绝的吟诵学习，应当掌握以下几个方面的内容。

（1）学会三种经典的仄起五绝传统吟诵调。

（2）通过对程滨老师和陈少松老师传承的平起五绝和仄起五绝的谱例分析可以看到，同一派系的吟诵调，在平起和仄起的吟诵中，其旋律是相互渗透、相互影响的。

（3）感受吟诵旋律的特点，如节奏、节拍的处理，起音、落音和骨干音的运用，旋律线行进的方位趋向，音程的用法是级进还是跳进、是大跳还是小跳，音乐中的语言、诗句中的平仄及诗句所传达出的情感是如何呼应、如何对等的。慢慢熟悉这些吟诵旋律的特点，对下一阶段的套调和创调的学习有着非常大的帮助。

三、平起五律的吟诵及赏析

在吟诵中，如果绝句系截取四联律诗中的两联而成，那么律诗也可视为两首绝句的叠加。本节通过三首五律来感受五律的吟诵旋律，以及五绝的吟诵旋律与五律的吟诵旋律之间的内在联系。

1. 皎然　《寻陆鸿渐不遇》

移家虽带郭，
野径入桑麻。
近种篱边菊，
秋来未著花。
扣门无犬吠，
欲去问西家。
报道山中去，
归来每日斜。

皎然，生卒年不详，唐代诗僧，为南朝宋谢灵运十世孙，湖州（今属浙江）人。他与陆羽是志同道合的好友，皎然是第一个提出“茶道”概念的人，也是写诗吟酬陆羽最多的人，有《寻陆鸿渐不遇》、《访陆处士羽》、《九日与陆处士羽饮茶》等近 20 首有关寻访、送别陆羽以及与之聚会的诗作。为后人研究陆羽生平提供了许多重要线索。现有《皎然集》、《诗式》等传世。陆羽（733 年—约 804 年），字鸿渐，复州竟陵（今湖北天门）人，唐代著名的茶学专家，撰有《茶经》三卷，是世界上第一部写茶的专著，包括对茶树的栽培、育种和加工技术等方面。被誉为“茶仙”，尊为“茶圣”，祀为“茶神”。

这首《寻陆鸿渐不遇》虽然有着访友未遇的遗憾，可野径中的桑麻、篱边的秋菊……与非常清新爽朗的“麻韵”一起勾勒出宁静淡雅的山间农居，丝毫没有影响诗人闲适悠然的心境。该诗选自由程滨老师传调，源自戴君仁先生的吟诵调。

请参看谱例【3.1】。

同是由程滨老师传调，源自戴君仁先生的吟诵调的五绝和平起五律，我们通过平起五绝《池上》、仄起五绝《渡汉江》与平起五律《寻陆鸿渐不遇》的吟诵旋律进行对比分析，来看看同一派系的五律和五绝之间的关系。

请参看谱例【3.2】。

在平起五律《寻陆鸿渐不遇》的吟诵旋律中，第一句和第二句运用的是平起五绝《池上》的前两句旋律，如谱例中黄色色块的标识；三、四、五、六这四句完全是照搬了整首仄起五绝《渡汉江》的旋律；七、八最后两句用了仄起五绝的前两句旋律。

在仄起五绝的吟诵旋律分析中，我们就提到平起和仄起这两种五绝，在戴君仁先生所传的吟诵调中，有着很高的相似度。在三、四两句中，虽然它们的平仄关系相对，但是吟诵的旋律可以相似。这其中关键在于吟诵者在吟诵中对音长和音高的“微调”上。随着学习的深入，我们需要关注的方面也会越来越多，将问题累积起来，等学到后面，这些问题的答案都会自己冒出来。

2. 孟浩然 《过故人庄》

故人具鸡黍，
邀我至田家。
绿树村边合，
青山郭外斜。
开轩面场圃，
把酒话桑麻。
待到重阳日，
还来就菊花。

这篇《过故人庄》在王兆鹏老师所著的《唐诗排行榜》中排名第26位，是孟浩然继《春晓》之后最为人们熟悉的诗篇。虽然孟浩然在其流传下来不到三百篇的诗文中五律占了一大半，且其用五律体裁创作了大量著名的行旅诗，例如：

孟浩然 《宿桐庐江寄广陵旧游》

山暝听猿愁，
沧江急夜流。
风鸣两岸叶，
月照一孤舟。
建德非吾土，
维扬忆旧游。
还将两行泪，
遥寄海西头。

孟浩然 《早寒有怀》

木落雁南渡，
北风江上寒。
我家襄水曲，

遥隔楚云端。
乡泪客中尽，
孤帆天际看。
迷津欲有问，
平海夕漫漫。

孟浩然 《与诸子登岘首》

人事有代谢，
往来成古今。
江山留胜迹，
我辈复登临。
水落鱼梁浅，
天寒梦泽深。
羊公碑尚在，
读罢泪沾襟。

但这些名篇佳作的影响远不及这首《过故人庄》，可见大家对这种清新田园诗风的喜爱。《过故人庄》选自由程滨老师传调，源自戴君仁先生的吟诵调。

请参看谱例【3.3】。

这首诗的吟诵旋律与《寻陆鸿渐不遇》的吟诵旋律相似，唯一不同的就是第二句的开头。

请参看谱例【3.4】。

在《过故人庄》中，将原来的1 12换成了32 35（谱例中的黄色标记）。笔者认为，这种现象可能是程滨老师在吟诵时性情所致，即兴发挥吧。因为这首《过故人庄》是孟浩然难得的一首表现欢愉的五言诗，为了突显出作者要与老朋友见面的兴奋雀跃，程滨老师在这里用了全曲中的两个最高音3和5。大家以后学多了就能体悟吟诵的“二度创作”给我们学习中带来的乐趣。通过反复吟诵，也就能逐步体会到孟浩然五言创作中的“朴拙”特点和非凡的写作功力，难怪恃才傲物的李白会有“我爱孟夫子”这样的感叹。

3. 王维　《山居秋暝》

空山新雨后，
天气晚来秋。
明月松间照，
清泉石上流。
竹喧归浣女，
莲动下渔舟。
随意春芳歇，
王孙自可留。

虽然王维和孟浩然并称“王孟”，在唐代诗人中同属山水田园诗歌开宗立派的代表，但在历来的评论当中，无论是在创作的立意上还是在创作的手法上，王维显得要比孟浩然略高一筹。由于孟浩然在仕途上的终生困顿，导致物质方面一直比较清贫寒苦，所以这种壮志无处施展的惆怅和遗憾，一直在创作的题材方面限制着他，使他创作立意的面有些窄。相对而言，王维可谓少年得志，即有“新丰美酒斗十千，咸阳游侠多少年”的潇洒轻狂，也有“草枯鹰眼疾，雪尽马蹄轻”的激情豪放，还有“大漠孤烟直，长河落日圆”的雄浑苍劲，更有“行到水穷处，坐看云起时”的悠远恬淡。所以王维一生丰富的阅历，加上他的天赋禀性，自然造就了他人无法超越他的优势。在王维所处的年代中，具有他那样集深厚的音乐和绘画功底于一身的诗人实不多见。这一点和欧洲浪漫主义时期的门德尔松有些相似，作为一位音乐家，门德尔松又具备画家对事物的洞察力，因此使得他的音乐作品听起来有着不一样的“色彩”感。

这首《山居秋暝》选自由陈少松老师传调，源自刘季高先生的吟诵调。

请参看谱例【3.5】。

在这首《山居秋暝》吟诵调中我们发现一个问题：吟诵怎么会像民歌一样加

有“衬字”呢？在刚开始学习时，笔者也非常排斥这些“衬字”，认为吟诵属于文人音乐范畴，加了这些衬字不就显得不够雅致了吗？若去掉这里面的衬字，还真是有“缺劲儿少味儿”的感觉。叶嘉莹先生和南怀瑾先生的吟诵，都有爱加衬字的特点。大家可以从优酷网上搜来看看。事实上，中国音乐流传至今，有三条主要脉络：一是宫廷音乐，二是文人音乐，三是民间音乐。这三种音乐在历史的发展中向来都是相互影响、相互融合的。民间音乐一直为其他两类音乐提供源源不断的养料。无论是朝代的更替，还是社会的转换，民间音乐一直都显示出从未间断的顽强生命力。宫廷音乐随着宫廷的没落，其演出的规格、排场已逐渐消失；文人音乐随着儒家文化的“非主流”而日渐衰微，从昆曲的兴旺就能看出，这是一种文化的衰退，不是有国家的大力扶持就能重整山河的。只有儒家文化本身得到应有的认可和尊重，与儒家文化息息相关的艺术形式才能有得以生存和发展的环境。比如昆曲，以及大家正在接触的“吟诵”。

作为五言律诗，这首《山居秋暝》由刘季高先生所传的吟诵旋律，在结构安排方面与戴君仁先生的有所不同。这首平起五律的吟诵素材全部来自平起五绝，且基本上按照将绝句吟诵两遍就是其律诗的吟诵旋律。

请参看谱例【3.6】。

我们看《山居秋暝》的前四句，除了第一句的开始两个音以外，其余的和先前吟诵的《鸟鸣涧》完全相同，其后四句的吟诵旋律，总体来说也是对前四句的一个反复，只是将第一句的旋律换成第三句的旋律而已。可见，吟诵旋律的结构安排是灵活多样的。

4. 小结

（1）平起律诗的吟诵与绝句有非常大的关联。其旋律结构至少有两种组合形式：一种是平起绝句的开头接仄起绝句的全部和仄起绝句的开头，如《寻陆鸿渐不遇》；另一种就是平起绝句的两次反复，只是反复是稍加了变化，将第一句换成第三句而已，如《山居秋暝》。大家在学习时不需要死记，只要知道有这种组合方式存在就可。课后可以用所学的方法套用下自己喜欢的诗句，多做练习和巩固就好。

（2）吟诵的旋律是可以随着自己的理解和心情而发生变化的，比如《过故人庄》的第二句和《山居秋暝》的第一句开头部分。还有就是吟诵的旋律与戏曲及民歌都有很大的关联，以后会接触到更多类似的例子。

随着吟诵调的积累，可能会有“混淆”的情况发生，这没有关系。开口唱就好，怎么高兴怎么来。还是那句话：大胆唱，反复多次唱，动脑用心唱。

四、仄起五律的吟诵及赏析

1. 杜甫 《旅夜书怀》

细草微风岸，
危樯独夜舟。
星垂平野阔，
月涌大江流。
名岂文章著，
官应老病休。
飘飘何所似？
天地一沙鸥。

杜甫创作的五律有六百多首，占其全部诗作的三分之一，在数量上位居盛唐之首。杜甫对五律如此青睐，想必与他的祖父杜审言有关。杜审言是湖北襄阳人，与李峤、崔融、苏味道合称为“文章四友”。其创作格律谨严，朴素自然，被后人评论为中国五言律诗的奠基人，流传下来的诗歌大约有四十多首。杜审言的诗多为写景、唱和及应制之作，以浑厚见长，他的五律《和晋陵陆丞早春游望》，被明朝的胡应麟赞许为初唐五律第一。

杜审言　《和晋陵陆丞早春游望》

独有宦游人，
偏惊物候新。
云霞出海曙，
梅柳渡江春。
淑气催黄鸟，
晴光转绿苹。
忽闻歌古调，
归思欲沾襟。

他的五言排律《和李大夫嗣真奉使存抚河东》，长达四十韵，为初唐近体诗中第一长篇。作为同乡的襄阳人，笔者再推荐大家读他的《登襄阳城》。

杜审言　《登襄阳城》

旅客三秋至，
层城四望开。
楚山横地出，
汉水接天回。
冠盖非新里，
章华即旧台。
习池风景异，
归路满尘埃。

杜审言创作的风格气象、章法句式及选词炼字等都对杜甫有着深厚的影响。而杜甫在其祖父五律的成就之上，更是打开了五言以写景为主的传统局限，将五律这种体裁的技术性与艺术性，即写景与抒情发挥至极致，达到了高度的统一，实现了对五律艺术的最高追求。

杜甫 《春望》

国破山河在，
城春草木深。
感时花溅泪，
恨别鸟惊心。
烽火连三月，
家书抵万金。
白头搔更短，
浑欲不胜簪。

杜甫 《江汉》

江汉思归客，
乾坤一腐儒。
片云天共远，
永夜月同孤。
落日心犹壮，
秋风病欲苏。
古来存老马，
不必取长途。

杜甫的一生都以有杜审言这个祖父而引以为豪，在其作品中屡次出现对祖父赞美的诗句，如："吾祖诗冠古"（《赠蜀僧闾丘师兄》），"诗是吾家事"（《宗武生日》）等。宗武是杜甫的孩子，他在给孩子宗武过生日的贺诗中写道"诗是吾家事"，以此来勉励孩子勤学苦读，传承衣钵。

这首《旅夜书怀》可以说是老年杜甫凄苦孤独的写照。代宗永泰元年 765 年的 4 月，一直照顾杜甫生活的严武病卒，杜甫不得不结束安逸太平了五年的蜀地生活。这首诗就是他以老弱病残之躯携家乘船离开成都时的创作。虽然有着"飘飘何所似，天地一沙鸥"在漂泊中的孤单和茫然，但依旧不失"星垂平野阔，月涌大江流”这样的雄浑开阔。杜甫是真正的儒学圣人，从来就不以物喜，不以己悲。这首诗所隐含的深意，请大家通过吟诵仔细体会。

《旅夜书怀》还是选自由程滨老师传承，源自戴君仁先生的吟诵调。

请参看谱例【4.1】。

《旅夜书怀》吟诵旋律的结构就特别吻合“律诗是绝句的叠加”这一说法。后四句的旋律与前四句的旋律完全相同，而且与前面仄起五绝《渡汉江》用的是同一个吟诵调。

请参看谱例【4.2】。

2. 温庭筠 《商山早行》

晨起动征铎，
客行悲故乡。
鸡声茅店月，
人迹板桥霜。
槲叶落山路，
枳花明驿墙。
因思杜陵梦，
凫雁满回塘。

温庭筠出生于没落的贵族家庭，文思敏捷，才华横溢。但其恃才傲物，放荡不羁，又喜好讥讽权贵，故屡试不第，仕途上终生不得志。温庭筠在文学上享有很高的赞誉，被尊为“花间词派”鼻祖。以辞藻华丽、浓艳精致的文风闻名于世。《商山早行》属于温庭筠作品中的特例，该诗通过对鸡声、茅店、霜、月等这几个寒冷凄清的意象描写来抒发游子在外的孤寂之情和浓浓的思乡之意，字里行间流露出人在旅途的困顿和无奈。这首诗历来备受广大诗词选家的推崇和喜爱，是唐诗中描写羁旅之情的佳篇名作。

《商山早行》也是选自程滨老师传调，源自戴君仁先生传承的吟诵调。

请参看谱例【4.3】。

这首仄起五律的旋律从谱例来看，基本上也符合“律诗的吟诵就是将绝句唱两遍”的理论。唯一不同的就是第六句在开头之处稍有些许变化，把低音 6 变成了低音 3。将该句的开头和上句的结尾由下行五度的关系变成下行八度的关系，由此一来，使内心悲滞的情绪得以进一步深化。笔者推想，这个“八度下行”的使用，也是程滨老师对诗词反复吟诵后，根据自己的审美感受对传统调进行“二度创作”的结果。我们不要小看这一个音的变化，所有上乘佳作的精华都显示在这些“精微”的琢磨当中。比如王安石的“春风又绿江南岸，明月何时照我还”中的“绿”字；贾岛“鸟宿池边树，僧敲月下门”中的“敲”字。

3. 杜甫　《春夜喜雨》

好雨知时节，
当春乃发生。
随风潜入夜，
润物细无声。
野径云俱黑，
江船火独明。
晓看红湿处，
花重锦官城。

儒家的仁政是杜甫的思想核心，所以杜甫的诗大都具有鲜明的政治倾向、强烈的时代色彩和丰富的社会内容。因而被世人誉为“诗圣”、“诗史”，“沉郁顿挫”则是其创作的主要风格。《春夜喜雨》写于杜甫在成都草堂定居的第二年，即 761 年的春天。生活上的安稳，使得杜甫有心情对自然景物进行深入的观察和细致的琢磨，因而写下了这首描写春夜降雨、润泽万物的美景佳作。

《春夜喜雨》选自陈少松老师传调，源于刘季高先生的吟诵调。

请参看谱例【4.4】。

《春夜喜雨》吟诵调的前四句完全与仄起五绝《梅花》的相似。第五句套用了平起五绝《鸟鸣涧》的第三句，第六句则完全套用了平起五绝《鸟鸣涧》的第四句，第七句完全与平起五绝《鸟鸣涧》的第三句相同。第八句则又与仄起五绝《梅花》的第四句完全一致。

请参看谱例【4.5】。

4. 小结

（1）学习三首仄起五律的吟诵调。

（2）巩固在平起五律学习中关于五律与五绝吟诵旋律结构的相互关系。

五、五言古体的吟诵及赏析

在学习古体诗之前，先来温习近体诗（格律诗）的概念：篇有定句，句有定字，字有定声。这三点作为律诗的特点，以五言为例，如何判断诗是五古还是五律，主要看“字有定声”这一点。这一点不仅包含律诗中拍点字在句中的平仄要求，同时也规定了位于偶数句末韵字的使用情况。作为律诗，在用韵方面相当严格，要求偶数句的句尾不仅要押韵，而且一定要押“平水韵”中的平声韵。所以判断五言古体这一体裁最简单直接的方法就是看韵字所押的韵部是否属于“平声韵”。

1. 王维　《竹里馆》

独坐幽篁里，
弹琴复长啸。
深林人不知，
明月来相照。

这首《竹里馆》选用的是程滨老师传调，源于戴君仁先生的吟诵调。

请参看谱例【5.1】。

这首古绝的吟诵调和曾经学过的仄起五绝《渡汉江》的吟诵调一样。在五古中可拖长的字，与五绝一样，同样是韵字和拍点上的平声字。只是五古的韵字为仄声韵部里的韵字而已。

《竹里馆》第一句的第二个字是仄声字，所以其吟诵旋律与仄起五绝宋之问的《渡汉江》完全一样。由此我们甚至可以推论，平起五绝《宿建德江》的吟诵调也适用于平起古绝《春晓》。

请参看谱例【5.2】。

事实证明，用平起五绝的吟诵旋律套用平起五古的吟诵旋律是完全适用的。

接下来给大家介绍新的五古吟诵调，即孟浩然的《春晓》和杜甫的《望岳》。

2. 孟浩然　《春晓》

春眠不觉晓，

处处闻啼鸟。

夜来风雨声，

花落知多少？

但凡会背的古诗中，肯定会有这一首《春晓》，笔者是这样，笔者的父辈、祖辈也是这样，很小的时候就会背诵这首古诗。可只有当笔者接触吟诵之后，才真正读懂这首诗。诗面上看似关于春风、夜雨、花落、鸟鸣之类的写花写鸟、写风写雨的自然景象，其实全是对人生失意的悲怀感慨。下面分三个方面来说明这首诗的“非喜”情绪。

（1）按照吟诵的规则，将诗文中每个字的节奏长短划分清楚，当把第三句的末尾字“声”和第四句的最后两个字“多”和“少”用普通话拉长音念出来时，那种喟然长叹、扼腕痛惜之情就油然而生。

（2）从诗本身字面的意象来看，但凡风雨与落花在一起，就没有什么欢愉的事情发生。请参看下列与落花相关的诗词。

※ 屈原　《离骚》

惟草木之零落兮，

恐美人之迟暮。

※ 杜甫 《曲江二首》

一片花飞减却春，
风飘万点正愁人。

※ 白居易 《惜落花》

夜来风雨急，
无复旧花林。
枝上三分落，
园中二寸深。

※ 欧阳修 《蝶恋花》

泪眼问花花不语，
乱红飞过秋千去。

※ 曹雪芹 《葬花吟》

花谢花飞花满天，
红消香断有谁怜？

※ 李清照 《一剪梅》

花自飘零水自流。
一种相思，两处闲愁。

※ 李商隐 《 无题》

相见时难别亦难，
东风无力百花残。

※ 晏殊 《浣溪沙》

满目山河空念远，
落花风雨更伤春。
不如怜取眼前人。

※ 朱淑真　《谒金门》

满院落花帘不卷，

断肠芳草远。

※ 秦观　《江城子》

飞絮落花时候、一登楼。

便作春江都是泪，

流不尽，许多愁。

※ 李煜　《相见欢》

林花谢了春红，太匆匆，无奈朝来寒雨晚来风。

以上所有的落花都是无奈与悲痛，为何《春晓》里的落花充满喜悦与欢快呢？

（3）孟浩然是唐朝的第一位布衣大诗人，虽然名满天下，但终生未入仕一天。古时读书人就一个目的——为官，实现自己的政治理想。孟浩然也不例外，他饱读诗书，满腹经纶，可报国无门，不得已才归隐家乡，成为山水派大诗人。政治理想无法得以实现，可以说是他终生的遗憾，永远的伤痛。请参看他的以下两首干谒诗，就可知他是多么想入仕为官，施展抱负的。

孟浩然　《望洞庭湖赠张丞相》

八月湖水平，

涵虚混太清。

气蒸云梦泽，

波撼岳阳城。

欲济无舟楫，

端居耻圣明。

坐观垂钓者，

徒有羡鱼情。

孟浩然　《岁暮归南山》

北阙休上书，

南山归敝庐。

不才明主弃，

多病故人疏。

白发催年老，

青阳逼岁除。

永怀愁不寐，

松月夜窗虚。

只有吟诵才能知道儿童歌曲中的《春晓》与孟浩然心中所表达的《春晓》之间的距离有多大。如果不懂吟诵，则不要随意将古诗进行谱曲给孩子唱，这种曲解诗意的旋律会影响孩子对诗文的正确理解。

《春晓》选自程滨老师传调，源自戴君仁先生的吟诵调。

请参看谱例【5.3】。

在《我爱吟诵》这套书中，谱例【5.3】中的这个调在五绝和五律中都没有出现过，而且只有平起五古的调，没有仄起五古的调，这给我们分析曲谱带来了一定的难度。

3. 杜甫　《望岳》

岱宗夫如何？

齐鲁青未了。

造化锺神秀，

阴阳割昏晓。

荡胸生层云，

决眦入归鸟。

会当凌绝顶，

一览众山小。

全诗气骨峥嵘，体式雄浑，将年少的浪漫与激情表现得酣畅淋漓。

《望岳》这首诗选自程滨老师传调，源自戴君仁先生的吟诵调。

请参看谱例【5.4】。

4. 汉乐府　《长歌行》

青青园中葵，
朝露待日晞。
阳春布德泽，
万物生光辉。
常恐秋节至，
焜黄华叶衰。
百川东到海，
何时复西归？
少壮不努力，
老大徒伤悲。

歌行为乐府诗体裁的一种，因其具有“放情长言”　的特点，所以句数一般比律诗的八句要长，可无论多长，也一定是偶数句。如李白的《将进酒》、白居易的《长恨歌》等都属于歌行体。因歌行体裁在音节、格律、篇幅方面比较自由、随意，所以历来备受文人青睐。

《长歌行》这首诗选自程滨老师传调，源自戴君仁先生的吟诵调。

请参看谱例【5.5】。

从谱例【3.2】中可以看出，由程滨老师传承的平起五律《寻陆鸿渐不遇》的吟诵旋律来自平起五绝《池上》和仄起五绝《渡汉江》的吟诵旋律，因为平起和仄起的不同，而使用绝句吟诵旋律的顺序也不同。下面通过谱例来看看五言古体与五言古绝的吟诵旋律之间的关系是否与律体的相似。

请参看谱例【5.6】。

至此，已将五言韵诗的各种体裁的吟诵为大家介绍了一遍。下面根据所学内容，将五言韵诗的吟诵进行全面总结。

（1）五言吟诵的总体原则。

在五言韵诗中，无论是古体还是近体，其吟诵旋律都遵循“依字行腔，平长则短，入声出口断”的总原则。

（2）“韵字”在吟诵中的处理。

在吟诵中，无论是古体还是近体，可拖长的音都包含拍点上的平声字和位于偶数句尾的韵字。因此请大家记住，凡句末的韵字都要用“拖长音”的方法来处理，由此强调韵字在整个作品中所起的情绪渲染作用。诗人作诗时对韵字的选择，如同音乐家作曲时对调式的考虑一样。不同的调式、不同的韵字，所包含的情绪基调是不一样的。但也并非绝对，如音乐中小调式的作品会给人以温婉、宁静甚至哀愁的情绪，而柴可夫斯基的《四小天鹅》，虽然为小调式的作品，但在速度、节奏的配合下，也能给人以欢快谐谑的情感体验。同理，在陆游的《示儿》中，虽然用了一个以“平稳中正”为基调的“上平一东”韵，但整首诗传递出来的苍凉激愤，以及决心的坚定和殷殷的期待这种复杂而饱满的情绪，又怎是一个韵部基调可以涵盖的。所以在吟诵练习时一定要做到“大胆唱，反复多次唱，动脑用心唱”。

（3）“入声字”在吟诵中的处理。

在接触吟诵之前，笔者不知道什么是“入声字”，以为汉语中的“四声”指的是阴平、阳平、上声和去声，殊不知“平上去入”才是真正的汉语四声，不然“抑扬顿挫”中的“顿挫之音”该归到哪一声呢？入声字的处理大致要求“出口即断”，根据具体情况又可分为“轻声断”、“重声断”以及声断气不断的“断续连”等三种情况。吟诵中对入声的处理较韵字的处理麻烦，需要我们在多次实践中反复思考揣摩。

（4）吟诵旋律结构安排的规律。

通过学习可以发现，吟诵的旋律，特别是律诗的旋律，在其结构安排上虽然有法可依，但无定法可循。绝句的吟诵相对好掌握，在“套调”时稍微调整音高、音长就可。但是律诗比绝句多出来四句，而且这多出来的四句在旋律的使用上是非常灵活多变的，没有固定的章法可循。简单的方法就是将绝句的旋律整体再现一次。如果大家不想使吟诵旋律过于刻板，想多一些自己的情绪表达，就只能在旋律的变化方面进行思考。下面介绍笔者的学习体会。

徐健顺老师曾在课堂讲过，吟诵的旋律不要过于花哨，有“上、中、下”三个基本调进行情绪调节和旋律转换就可。所以说每个“传统吟诵调”都由“上、中、下”在三个不同音域中形成的基本调组合起来而构成一个相对完整的吟诵旋律体系，在具体诗文的吟诵中，根据诗文的情绪意境来进行灵活搭配。这也让我们看到了为什么在平起五绝和仄起五绝中有相同的旋律出现，在平起五律中杂用了仄起五绝的吟诵旋律，而仄起五律中同样包含了平起五绝的吟诵旋律。

现以程滨老师所传戴君仁先生五言吟诵调中所使用过的旋律为例，通过罗列出其所有的吟诵旋律短句，在具体使用时的搭配，从而探寻出一定的搭配规律。下面用三种颜色来表明“上、中、下”三个调的旋律，黄色为上调，音区最高的调；蓝色为中调；红色为下调，音区最低的调。

请参看谱例【5.7】。

在戴君仁先生的五言传统吟诵调中，除仄起五古的谱例没有外，其他所有体裁的五言韵诗中所使用的旋律短句共有 11 个。即包括序号为 1、4、6、7、10 用黄色标注的 5 个“上调”，序号为 2、5、8、11 用绿色标注的 4 个“中调”和序号为 3、9 的 2 个“下调”。

因为在平起五古中出现了以“3（mi）”和“1（dao）”为落音、在五律和五绝中没有出现过的新调式，而在五古中又没有出现仄起五古的吟诵范例，由此给旋律分析带来了举证不足的困难，所以在旋律搭配样式范例中将其放弃，以后找寻到戴君仁先生仄起五古的旋律时再对谱例进行补充。接下来通过序号 1、2、3、4、5 的 5 个旋律短句来看看这些高、中、低调是如何在平起五绝和仄起五绝中进行旋律搭配的。

请参看谱例【5.8】。

通过谱例【5.8】可以得到以下结论。

（1）平起五绝《池上》运用了序号为1232，高、中、低、中的4个吟诵短句。

（2）仄起五绝《渡汉江》运用了序号为4532、高、中、低、中的4个吟诵短句。

（3）这两首五绝，在吟诵短句的使用上都是运用“高、中、低、中”的旋律搭配。

（4）平仄关系完全相反的三、四两句，在旋律短句的使用上却是一致的。

由此可见，没有固定的平起吟诵旋律，也同样没有固定的仄起吟诵旋律。使用《渡汉江》的旋律去套唱《池上》是完全可以的，反之亦然。传统吟诵调的精华在于其自成体系的上、中、下三种不同的吟诵旋律短句。在具体吟诵时，可根据诗文的意境去任意搭配即可。

请参看谱例【5.9】。

从谱例【5.9】中可以发现，无论是五绝还是五律，都是从高调开始，中调结束。这是因为中国音乐具有以主音结尾的习惯特点。所以序号为“3”的低调，因其最后落音为“6”（la）而非主音“5”(sol)，所以不可用在吟诵的结尾处，只能作为调节高、中两个调的变化过度来使用。同理，序号为“1”和“4”的两个旋律短句也因其结尾音是“2”(re)，非主音“5”(sol)也不能用在整篇吟诵的终止处。序号为“2”和“5”的两个中调因其结尾主音是“5”(sol)，所以可以用在终止的地方。但又因其是主音，有明显的终止功能，因此只能放在2、4、6、8等偶数句、接在“1、3、4”这几个高调和低调后面使用。

以上对五绝和五律在吟诵旋律的相互关系上做了一个简短回顾，目的是想告诉大家五绝和五律的旋律关系对七绝和七律同样适用。

五言韵诗的吟诵小结如下。

（1）在五言韵诗的吟诵中，起句的旋律音高比较重要，关乎整首吟诵的基调。除“转句”外，“起”、“承”、“合”三句的吟诵旋律都是“高起低落”的弧形走向，这种旋律线的特点与中国的传统戏曲和曲艺很相似。

（2）要做到吟诵时不出错，一定要恪守徐健顺老师反复提到的“依字行腔，平长仄短，入声出口断”这十三字法宝。

（3）若要吟诵得法，请记住“大胆唱，反复多次唱，动脑用心唱”这十三个字。

第三章
七言韵诗的吟诵及赏析

在韵文及散文等各类文体中，最具可歌性的体裁当属七绝了。

唐之绝句，

唐之曲也。

——明·王骥德《曲律》

盖唐时入乐，

专用七言绝句。

诗家亦往往由此得名。

——清·李重华《贞一斋诗说》

凡七言近体皆可歌。

——清·徐养源《律吕臆说·声依永说》

在初唐的高祖、太宗时期，五绝盛行，而七绝少见。直至玄宗时期，才使七绝这一体裁达到创作的全盛阶段。诗歌能在唐朝兴盛，说法众多，但总体来讲，是因为当时的执政者——唐玄宗是一个非常了不得的艺术大家，不仅能自创辞、自度曲，而且能奏能唱，还能亲自教授梨园弟子。由于他的才华和喜好，使得他的身边集聚了大批的文人墨客，在政务闲暇时，常常一起评诗论文、唱和酬答。在任贤取士方面，也向具备音乐与文学才能的文士有所倾斜。所谓“上有好者，下必甚焉”在当时就出现了许多由官方出面组织的大规模集体创作诗歌的活动，在这些频繁的相互评品的活动中，直接促使诗歌在风格上有了更多的表现。玄宗对诗歌文化的推崇，对文士的礼遇，以及对官员选拔的倾斜，激发了文人创作的热情，促进了诗歌的发展，使得盛唐的诗歌艺术达到了空前繁盛的局面。

除此之外，当时的官办音乐机构，除原有的太常寺外，还出现了教坊和梨园。

这些大规模专业音乐机构的出现，也是促进“歌诗”发展的重要环境因素。

所谓七绝，就是在五绝的基础上，每句多加两个字而已，其余的如平仄关系及用韵要求，都与五绝的统统一样。每句由五个字变为七个字，每句由两个音步增至为三个音步，这样就意味着每句多了一个音步，多了一个节奏点。由于节奏的拓宽，导致旋律更为丰富，表现力也随之有所提高。就徐健顺老师整理的传统吟诵调来看，七言的吟诵调较之五言的要丰富很多。

一、平起七绝的吟诵及赏析

下面为大家挑选了四种平起七绝的吟诵调，每种吟诵调挑选了两首在旋律上相同但情绪风格上有所不同的七绝作为范例。希望大家在学习时，能借鉴我们在五言吟诵中所积累的经验，对“套调”技巧进行巩固，以及掌握好对同派别的五言与七言在吟诵旋律上的对应关系。

1. 岑参　《逢入京使》

故园东望路漫漫，
双袖龙钟泪不干。
马上相逢无纸笔，
凭君传语报平安。

岑参（约715年—770年），唐诗人，江陵（今湖北荆州市荆州区）人。现存诗四百多首，边塞诗派的重要代表，与高适齐名，并称“高岑”。

边塞诗派是盛唐诗歌的流派之一。无论是初唐、盛唐时对外的扩张掠夺之战，还是中唐、晚唐的保家卫国之战，战争一直贯穿着整个唐朝历史的始末，文人向往军旅生活，希望通过立功边塞来报效祖国。所以很多诗人都参与到边塞诗歌的创作中来。诗人结合壮丽辽阔的边疆景象，表现出驰骋沙场、建功立业的壮志豪情，抒发慷慨从戎、奋勇杀敌的爱国思想，带给人一种积极向上、雄伟豪迈的力量。但与此同时也反映出由于长期残酷的连续作战，导致了将士们的一种对荒凉艰苦生活的愤懑和征夫思妇的相思惆怅等凄凉悲苦的情绪。边塞诗人深入展现边塞生活，不论从开拓诗歌的表现题材，还是从艺术手法的创新方面，都取得了很大成就。如李白、杜甫等一流大诗人，以及王维、李颀、卢纶、王昌龄、王之涣、李贺、白居易、李商隐、张籍、杜牧等诗人都有传世的边塞名篇。其中最具代表性的边塞诗人当属高适、岑参。

这首《逢入京使》所描写的是天宝八年（749 年）岑参第一次从军，告别长安的家人，远赴西域，担任安西节度使高仙芝的幕府书记，在奔赴安西的途中，路逢回京使者，托其稍带平安口信，以安慰家人的感人场面。

《逢入京使》选自程滨老师传调，源自戴君仁先生的吟诵调。

请参看谱例【6.1】。

2. 王翰　《凉州词》

葡萄美酒夜光杯，
欲饮琵琶马上催。
醉卧沙场君莫笑，
古来征战几人回。

王翰，生卒年不详。字子羽，晋阳（今山西太原市西南）人。其性情豪放、行为不羁。不仅长于填词度曲，而且能歌善舞，是一位典型的集原创加表演于一身的风流才子。其留传在世的作品不多，但这首《凉州词》却为他赢来了很高的声誉，不仅一直为世人推崇喜爱，更是被明代的王世贞推为唐代七绝的压卷之作。

《新唐书·乐志》说：“天宝间乐调，皆以边地为名，若凉州、伊州、甘州之类。”

《凉州词》并不是诗的题目，而是当时“凉州歌”的唱词。唐人创作的七绝，多为乐府作歌所用的唱词，凉州词即属其中之一。它是按凉州地方的乐调而形成的一种歌唱曲调，是盛唐时期较为流行的曲调名。开元年间，陇右节度使郭知运搜集了一批西域的曲谱进献给唐玄宗。由音乐机构对其进行加工提炼，并配以新的歌词，成为唐乐府的“新声”。而这些曲谱所产生的源地名即成为这些新声曲调的名称，如凉州、伊州、甘州之类。这些曲调深受当时文人墨客的青睐，许多诗人都为之填写新词，如王之涣、王翰、孟浩然、张籍等写的《凉州词》，王维、益嘉运写的《伊州歌》，柳永、苏轼、辛弃疾写的《八声甘州》等都属于这类作品。

在诗词创作上一直都存在着“选词以配乐，因声以度词”这两种方式。而《凉州词》应该属于后者，因为当时的《凉州词》已经是一种受大家喜爱并广为传唱的曲调，诗人只需“因声以度词”，使自己的作品能与原有曲调和仄顺韵，便于演唱就可以了。

凉州在甘肃省的中部，是丝绸之路的东大门，更是河西走廊的军政中心，在古代的军事地理中，凉州承担着隔断青藏高原和蒙古高原等游牧民族相互联系的任务，中央政府只要占据凉州，就能掌控住向西战略上的主动权，是一个军事重镇。

王翰的这首《凉州词》带有极其浓郁的地方色彩。从标题看，凉州属于西北边境；从内容看，葡萄酒、夜光杯、琵琶皆出自于西域。作为一首边塞诗，其高明之处在于，诗人不正面描写战争的惨烈悲壮，却通过战前的饮酒狂欢将“马革裹尸”的悲凉凄惨变成“醉卧沙场”的帅气潇洒，从侧面表达出将士旷达豪放的英雄本色，以及身不由己、无可奈何的反战情绪。

《凉州词》选自程滨老师传调，源自戴君仁先生的吟诵调。

请参看谱例【6.2】。

岑参和王翰的这两首诗虽然同属“边塞诗”的范畴，但给读者的印象是完全不一样的。《逢入京使》凄哀悲凉，而《凉州词》则是潇洒雄劲。所以在吟诵时要注意速度和力度的区别和把握。

我们可以从谱例【6.3】中感受到，戴君仁先生的吟诵体系中五绝和七绝的吟诵旋律关系——七绝的吟诵旋律是在五绝的吟诵旋律的基础上扩充发展而来的。

3. 王之涣 《凉州词》

黄河远上白云间，
一片孤城万仞山。
羌笛何须怨杨柳，
春风不度玉门关。

王之涣(688年—742年)，字季凌，晋阳(今山西太原市西南)人。王之涣流传下来的作品很少，为他赢来“唐代著名诗人”荣誉的，除了我们曾学习过的《登鹳雀楼》外，就是今天的这首《凉州词》了。这首诗有一个很美的传说，据唐人薛用弱的《集异记》中记载：开元(公元713年—741年)年间，王之涣与高适、王昌龄的私交甚好，常聚在一起饮酒唱歌。一天，他们相聚在旗亭这个地方饮酒，命伶人唱曲助兴。三人私下约定，以伶人演唱各人所作诗篇的多少来判定诗名的高下。王昌龄的诗被唱了两首，高适的诗被唱到一首，王之涣的诗一直没被唱到，最后轮到伶人中最美的一位女子演唱时，她所唱的就是“黄河远上白云间”。最美的伶人，在最后压轴时所唱的一曲是王之涣的作品，他为此甚为得意。这就是著名的“旗亭画壁”故事。虽然只是一个传说，但表明了王之涣的这首《凉州词》在当时已广为传唱，同时也说明七绝入乐的确是当时的一种娱乐风气。

王之涣的《凉州词》和李白的《早发白帝城》，这两首诗的气象都很开阔，但前者在开阔中尽显苍凉，后者却在开阔中彰显愉悦。这两首七绝都选用由陈少松老师传调，源自刘季高先生的传统吟诵调。

请参看谱例【6.4】。

4. 李白 《早发白帝城》

朝辞白帝彩云间，
千里江陵一日还。
两岸猿声啼不住，
轻舟已过万重山。

李白在诗人中的地位，宛如音乐界的贝多芬。他们在各自的领域中永远保持着第一的排名，无人可以撼动。

李白的作品向来都是一挥而就的神来之笔，“格律”在他的创作中真是达到了“随心所欲不逾矩”的境界。他的诗，无论是近体还是古体，是齐言还是杂言，都具备两个特征：自由飘逸，大胆夸张。

这首《早发白帝城》是李白晚年在奔赴流放地的途中，遇赦而返还时所作的一首七言绝句。全诗从头到尾释放出一种抑制不住的狂喜雀跃之情，将锋棱挺俊的自然景观、顺风顺水的畅快航行，写得自然天成，流丽飘逸。所以这首诗在吟诵上一定要尽量体现出如释重负的轻松愉悦之感。

请参看谱例【6.5】。

在谱例【6.3】中，我们通过戴君仁先生的平起五绝《宿建德江》与平起七绝《逢入京使》的谱例分析，得出平起七绝的吟诵旋律是其同系统吟诵调中平起五绝吟诵旋律的扩充。这一结论是否也适合用在刘季高先生的吟诵调中呢？我们来看看谱例【6.6】。

通过谱例【6.6】可以发现，刘季高先生的吟诵调乍一看好像五绝与七绝之间没有太多的重复，可仔细分析后发现其中的关联之处还是相当多的。通过曲谱的调式、骨干音、主音、节奏等多方面的比对，可以得出以下结论。

（1）刘季高先生的平起七绝吟诵调中，没有直接使用平起五绝的旋律，但也有相似的地方，如具有标志性的大切分节奏型（谱例中的黄色标记部分）。

（2）吟诵旋律以绿色标记的旋律短句作为结尾。

（3）其调式都是以“1”结尾的c宫的五声调式。

（4）其乐句之间的衔接除了平起七绝的第三句结尾和第四句开头用了“鱼咬尾”式，其他都采用上三度和下三度的小跳音程过度。

（5）刘季高先生的吟诵调中使用“断续连”的地方很多，特别是在节点上或句末的仄声字上，且这些旋律在节奏和音高方面非常相似。

5. 杜牧　《清明》

清明时节雨纷纷，
路上行人欲断魂。
借问酒家何处有，
牧童遥指杏花村。

清明节是我国民间重要的传统节日，距今已有两千五百多年的历史。作为二十四节气的清明，时间在春分之后。这时冬天已过，气温回暖，大自然显示出了勃勃生机，正是春耕春种、踏青游玩的大好时节。后来，由于清明节与寒食节的日子相近，渐渐地，这两个节日就合二为一了。而寒食是民间祭祖的日子，所以清明的功用就将外出踏青游玩改为祭拜扫墓。这个传统沿用至今。

杜牧（803 年—853 年），字牧之，京兆万年（今陕西西安）人，号樊川居士，晚唐杰出诗人、散文家。他的诗歌以七言绝句著称，内容以咏史抒怀为主。与同期诗人李商隐并称为“小李杜”。

杜牧出生于有着深厚文化传统的官宦家庭。他的远祖杜预是西晋著名的政治家和学者。曾祖杜希望为玄宗时的边塞名将，爱好文学。祖父杜佑，是中唐著名的政治家、史学家，先后任德宗、顺宗、宪宗三朝宰相，著有《通典》二百卷。父亲杜从郁官至驾部员外郎。杜牧对自己的家世非常自豪，在他的长诗《冬至日寄小侄阿宜诗》中：“我家公相家，剑佩尝丁当。旧第开朱门，长安城中央。第中无一物，万卷书满堂。家集二百编，上下驰皇王。”

杜牧生长在官宦世家，从小饱读诗书。对国家的命运前途，充满了责任与担当。面对时局的内忧外患，杜牧渴望力挽狂澜，济世安民。他主张削平藩镇，收复边疆。可这些政治主张却不被朝廷采纳，一身的本领，满腔的热血，就这样“丹心等死灰”了。由于怀才不遇，他的政治理想得不到实现，无奈之下只得将满腔的悲愤连同满腹的经纶交付青楼佳人，交付红颜知己，在整日的推杯换盏、觥筹交错中把酒言欢，为自己赢来青楼薄幸名的称号。

《清明》这首诗从头到尾都弥漫着一种无法释怀的忧伤孤寂情绪，别说壮志难酬那么高大上的期许，就连想喝一杯酒来取暖排忧这一个小小的要求都得不到满足，可见杜牧内心深处悲痛绝望的程度有多深。

杜牧的《清明》和叶绍翁的《游园不值》都是选用由陈少松先生吟诵，源自徐永端先生的传统吟诵调。前者沉郁顿挫，后者闲适悠然。

请参看谱例【6.7】。

6. 叶绍翁　《游园不值》

应怜屐齿印苍苔，
小扣柴扉久不开。
春色满园关不住，
一枝红杏出墙来。

叶绍翁（生卒年不详），字嗣宗，号靖逸，龙泉（今浙江龙泉）人，南宋诗人。叶绍翁属江湖派诗人，他的诗以七言绝句为最佳。

江湖诗派是南宋时期的一个诗派。江湖派诗人的身份比较复杂，有布衣，也有官宦。但其中以那些因仕途不顺而浪迹江湖的下层文人为主流，如刘过、姜夔、刘克庄等，都是江湖派诗人的代表人物。

江湖诗派的作品大都对南宋社会有着较为深刻的反映，通过题咏山川、记述事件等题材，借以抒发对祖国的热爱，发泄对朝廷的不满，斥责权贵的丑行，再现战乱给人民带来的苦难。如刘过的《题润州多景楼》，刘克庄的《苦寒行》等。

《游园不值》这首七言绝句描写了作者游园不成的遗憾，以及意外看到红杏出墙的惊喜，吟诵时，一定要充分流露出作者对春天的喜爱之情才好。

请参看谱例【6.8】。

7. 苏轼　《春宵》

春宵一刻值千金，
花有清香月有阴。
歌管楼台声细细，
秋千院落夜沉沉。

苏轼（1037 年—1101 年），字子瞻，号东坡居士，世称苏东坡，北宋眉州眉山（今属四川省眉山市）人。关于苏轼，有很多大师名家都对他有专题介绍，比如北京师范大学的康正老师、南京大学的莫砺锋老师等。读者如果有兴趣，可以在优酷网上搜索观看。两位老师对苏轼的讲解非常全面。在笔者看来，苏轼堪称完美之人。作为文人，苏轼在文学、书法、绘画等方面都有着很高的造诣。他是宋代文学最高成就的代表，是“唐宋八大家”之一；他的书法，与黄庭坚、米芾、蔡襄合称“宋四家”；他的绘画更是被誉为“文人画”倡导的先锋，墨竹、怪石、枯木等在他的笔下都被赋予了新的含义。目前仅存的两幅珍品：《枯木怪石图》于抗战时期流入日本；《潇湘竹石图》现被中国美术馆收藏。作为地方官，他造福百姓，发展教育。海南儋州人至今把苏轼看成是儋州文化的开拓者、播种人。作为朋友、家人，生活中的苏轼重情重义，爱吃肉、爱喝酒的喜好也显得他是那么富有生活情趣。

苏轼的这首《春宵》和张籍的《秋思》都有一种忧思的意味在其中。《春宵》是由徐健顺老师传调，源自刘衍文先生的浙江吟诵调。

请参看谱例【6.9】。

8. 张籍　《秋思》

洛阳城里见秋风，
欲作家书意万重。
复恐匆匆说不尽，
行人临发又开封。

张籍（约 767 年—约 830 年），唐代诗人。字文昌，苏州（今属江苏）人。世称“张水部”、“张司业”。张籍的诗歌以乐府成就最高。

这首《秋思》是一首非常著名的乡愁诗。这首诗通过叙述“临发又开封”的举动，准确传达出家书的“意万重”与“说不尽”。作者的乡愁之深，由此可见。

《秋思》的“思”应读去声，而非平声。读平声时做动词，而读去声时做名词，表示景象、环境。如小雅《采薇》中最后一段“昔我往矣，杨柳依依。今我来思，雨雪霏霏”中的思，也应读去声。

请参看谱例【6.10】。

通过以上四种谱例，可以小结如下。

（1）学习四种平起七绝的吟诵调。

（2）加深同一旋律、不同情绪的唱腔表现。

（3）同一系统中的七言吟诵旋律是五言吟诵旋律的发展和扩充。

二、仄起七绝的吟诵及赏析

下面我们将通过十首仄起七绝来学习五种新的传统吟诵调。

1. 王昌龄　《从军行·其四》

青海长云暗雪山，
孤城遥望玉门关。
黄沙百战穿金甲，
不破楼兰终不还。

王昌龄（？—约756年），字少伯，京兆长安（今陕西西安）人。盛唐著名诗人。很多书里提到在绝句的创作中，五言写得最好的当属李白和王维，七言写得最好的则属王昌龄和李白。王昌龄的创作题材比较广泛，以边塞、闺情、宫怨以及送别为主。享有“诗家夫子”、“七绝圣手”的美誉。他与李白、王维、王之涣、高适、岑参等人交情深厚。现存诗一百七十余首，代表作如《出塞》、《从军行七首》、《长歌行》、《闺怨》、《芙蓉楼送辛渐》等。

《从军行》是汉代乐府《平调曲》的曲名，内容多数描写军队的战斗生活，属边塞诗歌范畴。唐代以来，李白、杨炯、骆宾王、李昂、王昌龄等很多诗人都有以此为名的创作精品。

王昌龄的这组《从军行》共七首，这首是其中的第四首，表达了一种士子从戎的使命感和建功立业的豪迈情怀。

王昌龄的《从军行》和贺知章的《回乡偶书》都采用了程滨老师传调，源自戴君仁先生的吟诵调。

请参看谱例【7.1】。

2. 贺知章　《回乡偶书·其一》

少小离家老大回，
乡音无改鬓毛衰。
儿童相见不相识，
笑问客从何处来。

贺知章（约 659 年—744 年），唐代诗人，工书法。越州永兴（今浙江杭州市萧山区西）人，其作品大多失散，现仅存诗二十余首。其中最广为传诵的有两首，一首是《咏柳》，另一首就是今天学的《回乡偶书》。该诗是公元 744 年，作者 85 岁高龄辞官还乡时所作，这时，距他中年离乡已有五十多个年头。诗中充满了复杂的生活情趣，既有时光流逝、岁月不再的哀叹伤老之情，又有久别回乡、荣归故里的亲切喜悦之感。

请参看谱例【7.2】。

根据程滨老师传调的仄起五绝《渡汉江》和仄起七绝《从军行》吟诵谱例的分析来看，它们之间的旋律也有着高度的相似处。

请参看谱例【7.3】。

3. 张继　《枫桥夜泊》

月落乌啼霜满天，
江枫渔火对愁眠。
姑苏城外寒山寺，
夜半钟声到客船。

张继（约 715—约 779 年），襄州（今湖北襄阳）人，唐代诗人。其可供查阅的生平资料非常之少，由此可见，在唐代诗人当中，张继算不上名家、大家。在其流传下来不到五十首的作品里，被世人所传诵的也就只有《枫桥夜泊》这一首。

《枫桥夜泊》是唐朝安史之乱后，诗人张继途经寒山寺时写下的一首羁旅诗。在这首诗中，诗人通过对江南深秋夜景的观察和感受，勾画出月落乌啼、霜天寒夜、江枫渔火、夜半钟声等景象，使整首诗显得有声有色，有情有景。将处在乱世当中的作者，对自身的前程、对国家命运的种种忧思，充分细腻地表现了出来。

这首张继的《枫桥夜泊》和苏轼的《惠崇春江晚景》选用的都是由陈少松老师传调，源自刘季高先生的吟诵调。前者沉郁唱晚，后者妙想咏春。

请参看谱例【7.4】。

4. 苏轼　《惠崇春江晚景·其一》

竹外桃花三两枝，
春江水暖鸭先知。
蒌蒿满地芦芽短，
正是河豚欲上时。

这首是苏轼作于元丰八年（1085 年）的题画诗。

中国画是一门融绘画、诗、书法、篆刻于一体的独特艺术，使人在赏画吟诗之中充分享受这种综合的艺术之美。好的题画诗，既要符合绘画主题，又不能拘于画面内容，既要能再现画境，又要能跳出画外，脱离绘画而不失其独立的艺术生命。苏轼的这首《惠崇春江晚景·其一》可谓是题画诗中的上品。该诗的前三句通过桃花初放、江暖鸭嬉、芦芽短嫩等寥寥数笔，就勾写出早春江景的优美画境。而最后一句“正是河豚欲上时”则更是苏轼的神来之笔，其生活情趣跃然纸上，充分体现出苏轼用字的高妙和幽默的联想。欧阳修在《六一诗话》中曾说：但用蒌蒿、荻笋（即芦芽）、菘菜三物烹煮，认为这三样是与河豚最适宜的搭配。所以苏轼在诗中写了蒌蒿、芦芽之后，凭借自己爱吃的天性，自然就联想到在菜系搭配中的“河豚”了。

请参看谱例【7.5】。

在陈少松老师传承刘季高先生的平起五绝和平起七绝的吟诵旋律当中，我们没有看见整句的旋律重复现象。现将仄起五绝和仄起七绝进行比较，看看它们之间有没有新的发现。

请参看谱例【7.6】。

从谱例【7.6】中可以看到，在刘季高先生的吟诵调中，仄起七绝第一句的吟诵旋律使用了仄起五绝第一句的吟诵旋律，除此之外，四句吟诵旋律的第一个音也是相同的。所以，尽管这两首吟诵旋律的主音和调式皆不相同，但由于第一句的旋律相似，加上每句的起始音相同，因此可让我们感受到它们之间的内在联系。我们在作套调练习时，若想保持原来吟诵旋律的轮廓，就要注意第一句的旋律特征和每句起始音的使用。

5. 刘禹锡　《竹枝词·其一》

杨柳青青江水平，
闻郎江上踏歌声。
东边日出西边雨，
道是无晴却有晴。

刘禹锡（772 年—842 年），字梦得，洛阳（今属河南）人，唐代中晚期著名诗人，有“诗豪”之称。其诗现存 800 余首。因其是《竹枝词》的开山之祖，所以在唐代七绝的发展史上有着特殊的地位。

竹枝词是由古代巴蜀民歌演变而来的一种诗体。刘禹锡沿用其民歌的格调，出新出奇，化俗为雅，将其从民间歌谣演化成文人诗体。刘禹锡的《竹枝词》对后代的影响很大。不少文人都写过竹枝词，除苏轼、黄庭坚外，还有苏辙、杨万里、范成大等，他们都有上乘之作。

这首刘禹锡的《竹枝词》和陆游的《示儿》，一首体现出轻松谐谑，一首体现出沉郁愤慨。两首反差如此巨大的七绝，所选用的却是相同的吟诵旋律。这两首诗都是由陈少松老师传调，源自徐永端先生的吟诵调。

请参看谱例【7.7】。

6. 陆游　《示儿》

死去元知万事空，
但悲不见九州同。
王师北定中原日，
家祭无忘告乃翁。

陆游（1125年—1210年），字务观，号放翁，越州山阴（今浙江绍兴）人。他一生坚持抗金，是南宋伟大的爱国诗人。陆游留存诗歌9300余首，这些诗中大多都与抗金的题材相关。

《示儿》是陆游在弥留之际写给儿子的绝笔诗。这首诗既有对抗金大业未成的无穷遗恨，也有对神圣事业必成的坚定信念。情真意切地表达了诗人临终前的复杂思想和他忧国忧民的爱国情怀。凡诵读此诗之人，无不为之动容。

请参看谱例【7.8】。

在平起七绝中，我们曾学习了由陈少松老师传调，源自徐永端先生的两首平起七绝的吟诵《清明》和《游园不值》。现将其平起七绝的吟诵旋律和仄起七绝的吟诵旋律做一个谱例分析，看看徐永端先生七绝吟诵调中平起和仄起的旋律关系。

请参看谱例【7.9】。

通过谱例【7.9】可以看出，由陈少松老师所传徐永端先生的七绝吟诵调中，平起七绝和仄起七绝的吟诵旋律是相互交织、融合而成的。

7. 范成大　《四时田园杂兴·其七》

昼出耘田夜绩麻，
村庄儿女各当家。
童孙未解供耕织，
也傍桑阴学种瓜。

范成大（1126年—1193年），南宋诗人，字致能，晚号石湖居士。苏州吴县（今江苏苏州）人。现存诗1900首，其诗歌创作题材广泛，以反映农村社会生活的作品为多，成就也最高。

“杂兴”即随意写来，手法上以即景生情为主。《四时田园杂兴》是范成大58岁时辞官归隐苏州石湖之后写的七绝田园组诗。分春日、晚春、夏日、秋日、冬日五个部分，每部分各由十二首诗构成，共六十首。诗歌描写了农村春、夏、秋、冬四个季节的景色和农民的生活，同时也反映了农民所遭受的剥削以及生活的困苦。范成大因此获得“田园诗人”的美誉，并与尤袤、杨万里、陆游一起合称“中兴四大诗人”。

这首诗中写的是农村人民的日常工作，耘田、耕织、种瓜，这些农活我们都清楚。这首诗中第一句里提到的“绩麻”是指麻布的制作过程，是在把苎麻收割以后，沤在水里，除去表皮，抽出纤维，将其晒干后再搓捻成线，最后织成布，这整个工作流程就叫“绩麻”。

《四时田园杂兴》和杜牧的《山行》都是选用由徐健顺老师吟诵，源自刘衍文先生的传统吟诵调。

请参看谱例【7.10】。

8. 杜牧　《山行》

远上寒山石径斜，
白云生处有人家。
停车坐爱枫林晚，
霜叶红于二月花。

杜牧（803年—853年），字牧之，京兆万年（今陕西西安）人，晚唐时期杰出的诗人、散文家，留存下来的诗只有二百余首，其中被选入《唐诗三百首》中的有九首。从入选篇目的数量上看，杜牧排名第八。杜牧成长在有着浓厚文学根基的官宦世家，自小饱读诗书，其文学创作取得了多方面的成就，他在诗、赋、散文等各种体裁领域中都有不凡的名篇佳作传世。但获得成就最高的文体当属七绝。

《山行》是一首赞美深秋山林景色的七言绝句。这首七言并不仅仅是即兴咏景，感慨抒情，而是寄情于景，咏景言志，是诗人内在精神世界的表露，志趣的寄托。“伤春悲秋”是中国文人创作的主要题才之一，可这首诗没有沿袭悲秋的惯例，而是歌颂大自然中那满山云锦、层林如染的如火枫林。通过这片枫树林，让我们看到了秋天像春天一样的生命力，看到了一种比春天更热烈、更具生机勃勃的景象，这种英爽峻拔之气是作者对祖国秋色的赞美。

请参看谱例【7.11】。

大家学完这两首徐健顺老师传调的吟诵后有没有觉得这个调“似曾相识”呢?我们对比徐健顺老师在平起七绝《春宵》吟诵中的旋律就有明确答案了。

请参看谱例【7.12】。

平起七绝《春宵》和仄起七绝《四时田园杂兴・其七》都由徐健顺老师传调，源自刘衍文先生的七言吟诵调。这两个吟诵调的旋律相同，但一个是平起七绝，一个属仄起七绝。由此可见，吟诵调不必拘泥于平起和仄起，只有当我们吟诵时，在音高上把握住“依字行腔”做到不倒字，在节奏上做到“平长仄短，入声出口断”即可。吟诵学到现在，我们是否有一种越来越自由的感觉?

9. 李白　《清平调・其一》

云想衣裳花想容，
春风拂槛露华浓。
若非群玉山头见，
会向瑶台月下逢。

公元742年即天宝元年，李白在道士吴筠的举荐下，被唐玄宗招至长安做翰林供奉。因其诗文风采名动一时，颇为唐玄宗赏识。但翰林供奉和翰林学士的地位却是千差万别，李白入宫的目的不是贪图名利富贵，而是实现自己的政治理想，不甘于只做皇帝身边的一个会写诗作赋的应景侍从，所以得知仕途无望后便毅然离宫而去。李白在做翰林供奉的将近三年中，并没有写出多少名篇佳句。《清平调》算是这个时期最重要的印迹留存。

学习这首诗，最让笔者困惑的是对该诗题目的理解。什么叫“清平调”？到底是清调还是平调？其声调属西曲还是吴声？这些诗题中包含有乐府标记的诗句，在吟诵中有无特别的声腔要求？在李白的创作中，乐府有着重要的地位。《蜀道难》、《侠客行》、《将进酒》、《秋风辞》、《襄阳歌》、《江上吟》、《乌栖曲》，以及今天学的这首《清平调》，所有这些韵诗，无论是律诗还是古体诗，是齐言还是杂言，都与乐府有着千丝万缕的联系。为了彻底弄清楚这些盘根错节的关系，笔者认真学习了由北京大学出版社出版发行的“乐府诗集分类研究”的一系列书籍，在学习这些内容之后，再结合自己所学的中国古代音乐史，笔者认为这些对吟诵的学习没有太大帮助。最重要的原因就是，即使弄清楚了这些乐府的诗词结构和音乐形态，也无法完全再现当初的表现样式；即使能再现当初的表现样式，也未必符合现在的审美标准。所以一味地花时间去琢磨这些无法印证的虚无东西，倒不如把时间花在当下。认真用旋律去体会诗词的意境与内涵，以提高自己的文学修养和艺术表达。

这首《清平调》是李白在任职翰林供奉时为杨贵妃所写的作品，是为“入乐”而写的歌词。笔者曾看过昆曲版的《长生殿》，这首《清平调》就在其中，其声腔非常婉转动听。但因昆曲难学，所以给大家推荐了这首带有一点戏曲风格的、由徐健顺老师传调、源自高文先生的吟诵调。这首吟诵调很像昆曲的“水磨腔”，不太好学，所以放在了最后，如果大家真心喜欢，笔者建议还是努力将它学会。

请参看谱例【7.13】。

10. 林升　《题临安邸》

山外青山楼外楼，
西湖歌舞几时休？
暖风熏得游人醉，
直把杭州作汴州。

林升，生卒年不详。这是一首讽喻性极强的题壁诗。题壁诗是中国古代一种非常特别的文化现象，始于两汉，盛行于唐宋。作为一种传声扬名的途径，很多文人都曾写过“题壁诗”，如苏轼的《题西林壁》、陆游的《题酒家壁》、王安石的《书何氏宅壁》等。

请参看谱例【7.14】。

七言韵诗的吟诵小结如下。

（1）在传统吟诵中，七言的吟诵旋律和五言的吟诵旋律是有诸多关联的，它是五言的一个扩充和变化。其中戴君仁先生的吟诵调表现得最为明显。其余的关联相对表现得较为含蓄、隐蔽，需要我们从句式落音、旋律主干音、特性音程与节奏型等方面进行比对，方能发现。

（2）在笔者列举的28首五言、七言绝句（包括平起、仄起，五言、七言、古体、律体）中，绝大多数的对句都以“5（sol）”和“1（do）”结尾，形成g徵调式和c宫调式，与汉民族民歌的常见调式相吻合。如只有彭世强老师的平起五绝《鸟鸣涧》和戴君仁先生的五绝《春晓》以“3（mi）”结尾，形成在汉民族少见的e角调式；以及戴学忱先生的仄起五绝《登鹳雀楼》与高文先生的仄起七绝《清平调》和《题临安邸》以“6（la）”结尾的羽调式。这两种吟诵旋律中都出现了“4（fa）”（清角）和“7（si）”（变宫）两个偏音。这些特点可能与戏曲音乐及非汉民族音乐有着一定的联系。

（3）吟诵调无所谓仄起专用和平起专用，只要把握好依字行腔、平长仄短、入声出口断这几个基本原则，它们是可以互换的。

吟诵学到现在，发现所谓的“局限”越来越少了。但若要学精，还需认真将所学的传统调进行反复吟诵，细心揣摩其中的微妙之处，方得其要领。

三、七言律诗的吟诵及赏析

七言律诗的传统吟诵调比较少，在《我爱吟诵》这套书中，没有程滨老师传调的七律吟诵，笔者只找到由陈少松老师传调，源自徐永端先生吟诵调的一首仄起七律《游山西村》。另外，在陈少松老师所著的《古诗词文吟诵研究》（第三版，中华书局，2017 年 6 月) 中，又找寻出徐永端先生的平起七律《新城道中·其一》，以及刘季高先生的平起七律《钱塘湖春行》和仄起七律《无题》等三首七律的传统吟诵调。由此就有了一套较完整的平起七绝、平起七律与仄起七绝、仄起七律的谱例体系。虽然素材不多，但也能将问题分析清楚。本节通过这四首传统吟诵调的旋律，将七言律诗与七言绝句、仄起律诗与平起律诗等之间吟诵旋律的关系等尽量阐释清楚。

而七言古体更是稀少，笔者只发现一首由陈少松老师吟诵的《春江花月夜》，而且其旋律与徐永端先生和刘季高先生的吟诵旋律不一样，所以就舍弃了七言古体的吟诵旋律分析。将平起七律、仄起七律并为一个章节，通过四首吟诵旋律的谱例分析来阐释七言律诗与七言绝句、仄起律诗与平起律诗等之间吟诵旋律的关系。

在学习七言律诗之前，先来复习五言律诗吟诵旋律的结构特点。

- 律诗的吟诵旋律，基本上来自绝句的吟诵旋律。若是平起律诗，其一、二句的吟诵旋律用的是平起绝句的一、二句，中间杂用仄起绝句的旋律。

请参看谱例【8.1】。

从谱例【8.1】上标注的色块可以直观看出，由程滨老师传调，源自戴君仁先生的传统吟诵调中，平起五律《寻陆鸿渐不遇》的吟诵旋律是由其平起五绝《池上》和仄起五绝《渡汉江》的吟诵旋律共同组成的。

若是仄起律诗，则首起两句的吟诵旋律为仄起绝句的前两句，中间杂用平起绝句的旋律。

在由陈少松老师传调，源自刘季高先生的传统吟诵调中，仄起五律《春夜喜雨》中也同样杂用仄起五绝《梅花》和平起五绝《鸟鸣涧》的吟诵旋律。

请参看谱例【8.2】。

- 平起五绝和仄起五绝的吟诵旋律在本质上并没有严格区分。它们之间相互融合、相互渗透，如由程滨老师传调，源自戴君仁先生的传统吟诵调中平起七绝《池上》和仄起七绝《渡汉江》的吟诵旋律。

请参看谱例【8.3】。

从谱例【8.3】中可以清楚地看到，平起五绝《池上》的第三句和第四句与仄起五绝《渡汉江》的第三句和第四句的平仄关系如下：

“不解藏踪迹，浮萍一道开” 仄平，平仄

“近乡情更怯，不敢问来人” 平仄，仄平

这两句诗的平仄是相对的，却用了标注蓝色的相同旋律。

- 五律的旋律结构是将五绝的旋律拆散后，根据上、中、下三个不同音区的旋律短句重新进行组合搭配。如由程滨老师传调，源自戴君仁先生的传统吟诵调中平起五律《过故人庄》和仄起五律《商山早行》的吟诵旋律。

请参看谱例【8.4】。

由此可见，平起五律《过故人庄》所用吟诵短句的序号为 1245、3245（高中高中，低中高中），仄起五律《商山早行》所用吟诵短句的序号为 4532、4532（高中低中，高中低中）。无论是平起还是仄起，其吟诵旋律都是高调和低调为“出句”、中调为“答句”。

以上对五绝和五律在吟诵中的相互关系做了一个简短的回顾。那么五绝与五律的旋律关系对七绝和七律是否也同样适用呢？带着问题的思考进行学习，会达到事半功倍的效果。

1. 苏轼 《新城道中·其一》

东风知我欲山行，

吹断檐间积雨声。

岭上晴云披絮帽，

树头初日挂铜钲。

野桃含笑竹篱短，

溪柳自摇沙水清。

西崦人家应最乐，

煮芹烧笋饷春耕。

该诗是苏轼又一首清新秀丽、率真浪漫的佳作。诗中除了有声有色、有情有景的观察描绘外，还有那弥漫在整个山野之中人间烟火的芳香……这首诗选自由陈少松老师传调，源自徐永端先生的吟诵调。

请参看谱例【8.5】。

2. 陆游 《游山西村》

莫笑农家腊酒浑，

丰年留客足鸡豚。

山重水复疑无路，

柳暗花明又一村。

箫鼓追随春社近，

衣冠简朴古风存。

从今若许闲乘月，

拄杖无时夜叩门。

陆游一生笔耕不辍，其诗词具有很高的艺术成就，曾自言“六十年间万首诗”，今尚存九千三百余首，是中国文学史上存诗最多的诗人。陆游在写作上用字平易自然、畅达严谨，兼具李白的雄奇奔放和杜甫的沉郁悲凉，对后世产生的影响极其深远。这首《游山西村》写于 1167 年（南宋孝宗，乾道三年），在此之前，陆游曾担任隆兴府通判，因为极力赞助抗金名将张浚北伐，被投降派弹劾以“交结台谏，鼓唱是非，力说张浚用兵”的罪名，被罢归故里，闲居在老家山阴的镜湖旁。在一次他去附近山西村游访时，即兴作了这首诗，其中“山重水复疑无路，柳暗花明又一村”被誉为千古名句，不仅对仗工整、精巧，而且极富哲理，一直被世人所称颂借用。这种写“疑路”的诗句并非陆游首创，在唐朝王维的《蓝田山石门精舍》中就有“遥爱云木秀，初疑路不同。安知清流转，偶与前山通”。北宋王安石的《江上》中有“青山缭绕疑无路，忽见千帆隐映来”。他们都在“疑无路”上作过文章，只不过都没有陆游这首用得精妙。这首《游山西村》当属后者。闲适中蕴含着的深意，还请大家在反复的吟诵中去慢慢琢磨体会。

有一点需要重点提醒的是，许多朋友将“山重水复疑无路”错读成“山穷水尽疑无路”。“山穷水尽”这个词语应该是出自（清）蒲松龄的《聊斋志异·李八缸》：“苟不至山穷水尽时，勿望给与也。”可以说“山穷水尽疑无路，柳暗花明又一村”是现代人对陆游这首诗的误读误用。

这首《游山西村》是选自由陈少松老师传调，源自徐永端先生的吟诵调。

请参看谱例【8.6】。

在分析七律吟诵旋律之前，我们先来回顾一下五律吟诵旋律的构成情况。

请参看谱例【3.2】和谱例【4.5】。

通过对戴君仁先生的平起五律《寻陆鸿渐不遇》，以及刘季高先生的仄起五律《春夜喜雨》的吟诵旋律进行分析，可以得到如下结论。

（1）五律的吟诵旋律都是由其各自吟诵体系中五绝的吟诵旋律构成的。

（2）平起五绝与仄起五绝的吟诵旋律又是相互影响、相互渗透的。

由此，我们是否可以推论七律的吟诵旋律也是来自七绝呢？平起七绝与仄起七绝的吟诵旋律是否也是相互交融在一起的呢？

现将徐永端先生的平起七绝《清明》和仄起七绝《竹枝词》的吟诵旋律进行对比分析。

请参看谱例【8.7】。

从谱例【8.7】中可以得到以下结论。

（1）平起七绝的第二句的旋律与仄起七绝的第四句的旋律完全相同，如蓝色标记。

（2）平起七绝的第四句的旋律与仄起七绝的第二句的旋律完全相同，如红色标记。

（3）平起七绝的第一、三句的旋律与仄起七绝的第一、三句的旋律虽然不是完全相同，但其在句尾处所使用的结尾音和主干音是一样的，如绿色标记和黄色标记。

（4）平起七绝和仄起七绝的出句的吟诵旋律都以“2”音结尾，而答句的吟诵旋律则以“1”音或“5”音结尾。形成由相同主干音“12356”构成的 g 徵调式和 c 宫调式。

（5）七绝中，无论是平起还是仄起，它们的旋律同五绝的一样，不是完全割裂开来的，而是相互融合、相互渗透的。

接下来印证七律的吟诵旋律是否也是来自七绝的。

请参看谱例【8.8】与谱例【8.9】。

通过谱例【8.8】和谱例【8.9】中的色块标识，可以得出以下结论。

（1）在平起七律《新城道中·其一》及仄起七律《游山西村》中，出现的所有吟诵旋律都来自平起七绝《清明》和仄起七绝《竹枝词》中的吟诵旋律。

（2）平起七律中，整首诗的首联和颔联完全照搬了平起七绝的吟诵旋律。在第五句中才使用了仄起七绝的吟诵旋律素材。而仄起七律也是整首诗的首联和颔联完全照搬仄起七绝的吟诵旋律。在第五句中才使用了平起七绝的吟诵旋律素材。

（3）陈少松老师传调的平起七绝和仄起七绝的吟诵旋律虽然相互之间有交融，其出句以“2”音结尾，第二句的答句和第四句的答句虽然旋律相同，但摆放的位置还是有所讲究的。所有以“1”音结尾的答句，其平仄关系都是“仄平仄”，例如：

路上行人欲断魂

道是无晴却有晴

吹断檐间积雨声

溪柳自摇沙水清

而以“5”音结尾的答句，其平仄关系都是“平仄平”，例如：

树头初日挂铜钲

煮芹烧笋饷春耕

牧童遥指杏花村

闻郎江上踏歌声

平起七绝和平起七律都为以“5（sol）”音结尾的 g 徵调式。

仄起七绝和仄起七律则都为以“1（do）”音结尾的 c 宫调式。

3. 白居易 《钱塘湖春行》

孤山寺北贾亭西，

水面初平云脚低。

几处早莺争暖树，

谁家新燕啄春泥。

乱花渐欲迷人眼，

浅草才能没马蹄。

最爱湖东行不足，

绿杨阴里白沙堤。

这首《钱塘湖春行》是白居易出任杭州刺史时歌咏西湖的名篇佳作。全诗对仗精准工妙、用词生动清新，最适合孩子们吟诵。

该诗选自由陈少松老师传调，源自刘季高先生的吟诵调。

请参看谱例【8.10】。

从以往分析的谱例来看，刘季高先生的吟诵调的旋律差异性最大。下面来看看其平起七律中的吟诵旋律与其平起七绝和仄起七绝之间有无相连的关系。

请参看谱例【8.11】。

从谱面上看，刘季高先生的平起七律的吟诵旋律也基本是来自其平起七绝与仄起七绝的吟诵旋律。

4. 李商隐 《无题》

相见时难别亦难，
东风无力百花残。
春蚕到死丝方尽，
蜡炬成灰泪始干。
晓镜但愁云鬓改，
夜吟应觉月光寒。
蓬山此去无多路，
青鸟殷勤为探看。

李商隐（约 813 年—858 年），字义山，怀州河内（今河南沁阳），晚唐著名诗人。现存《李义山诗集》三卷。他的“无题诗”是其最具艺术特色的体裁形式，诗中往往寄托着作者难以言状的苦痛，无法释怀的情思和挥抹不去的感伤。在《全唐诗》中，收入了他的十六首“无题诗”。

本诗选用由陈少松老师传调，源自刘季高先生的传统吟诵调。

请参看谱例【8.12】。

传统吟诵调赏析的最后，来看看刘季高先生的仄起七律中的吟诵旋律与其平起七绝和仄起七绝之间有无相连的关系。

请参看谱例【8.13】。

通过谱例【8.13】的分析可以得知，刘季高先生的七律吟诵旋律与其七绝的吟诵旋律保持高度的统一。如果是平起七律，那其旋律结构就是平起七绝的四句接换了句头的仄起七绝的三、四句，再接换了句头的平起七绝的三、四句。若是仄起七律，其旋律结构即为仄起七绝的四句接换了句头的平起七绝的三、四句，再接换了句头的仄起七绝的三、四句。

至此，有关传统吟诵调“齐言韵诗”赏析部分的讲解就告一段落。这其中包括平起五绝、仄起五绝、五言古绝、平起五律、仄起五律、五言古律、平起七绝、仄起七绝、平起七律和仄起七律十种体裁。其中主要学习了由程滨老师所传的戴君仁先生的吟诵调，以及由陈少松老师所传的刘季高先生和徐永端先生的吟诵调。在此对陈少松老师和程滨老师表示崇高的敬意和衷心的感谢。

根据赏析部分的讲解内容，对吟诵旋律构成的规律总结如下。

（1）通过从五绝和七绝的平起及仄起的吟诵旋律的对比分析结果来看：在绝句中，平起和仄起的吟诵旋律是可以相互融合、相互转换的，是你中有我、我中有你、不分彼此的；七绝的吟诵旋律是五绝的扩充和变化发展。

（2）通过对绝句与律诗的吟诵旋律分析后，得出的结果是：律诗的吟诵旋律来自绝句的吟诵旋律。因为律诗的写作比绝句在对仗方面有着更为严格的要求，所以其吟诵调的组成结构也相应显得多变与复杂一些。需要学会灵活运用“高、中、低”等基本调的搭配组合。

（3）古体诗与近体诗在吟诵的旋律结构方面无特别之处。

（4）再次重复吟诵的要点：“依字行腔，平长仄短，入声出口断”这十三个字的吟诵真言。“依字行腔”可杜绝“倒字”的错误发生；“平长仄短”则是正确理解诗文的前提，也是掌握吟诵旋律节奏的根本；“入声出口断”则更是吟诵中的“气口”，很多言外之意、弦外之音都是在这“出口即断”的气口当中得以表现。当然，这个“断”还分“轻断”、“重断”、“声断气不断”、“断连”等各种“断”，需要大家在吟诵时根据自己对诗文的理解去用心地反复揣摩，方能品出其中的精妙所在。

（5）学习吟诵，从“不会”到“会”容易，但从“会”到“精”却很难。精学吟诵的唯一方法就是“大胆唱，反复多次唱，动脑用心唱”。当你吟诵的旋律音调符合你内心所吟内容的情感期许时，就得到了对该作品最好的理解和诠释。吟诵的目的不在于音乐旋律的动听与否，也不在于他人对自己吟诵的好坏评判。

吟诵只有对错之分，没有好坏之别，其目的是借用音乐的形式去感受隐藏在文字中深层的内涵与意境，尽可能地与作者创作时的情绪相贴近。纵情高歌也好，低吟浅唱也罢，只要是自己内心真实的情感得以流露，能够借助文字本身的感情力量将自己的情怀得以抒发、释放，于吟诵来说就是对的，就是好的。

学习吟诵没有技巧，只要做到以下要点就可。

“依字行腔，平长仄短，入声出口断”；

“大胆唱，反复多次唱，动脑用心唱”。

第四章
齐言韵诗的套调练习

在熟练掌握了一些经典的传统吟诵调之后，就可以根据吟诵调的情绪特征、旋律及节奏的特点，对自己喜爱的诗句进行套调模拟练习。在套调模拟练习中，包含“直接套调练习”和“变化套调练习”两个部分。

一、直接套调练习

“直接套调”也称“照搬套调”，是最简单的套调模拟练习，即将所吟诵诗句的旋律直接套入其相应体裁的吟诵之中。如平起五绝，就套用平起五绝的调子，仄起七律就套用现有的仄起七律的调子等。在旋律和结构等方面不做任何调整，采用照搬的“拿来主义”即可。在我们曾经学习过的所有律诗吟诵当中，其吟诵旋律基本上都来自自身体系的绝句吟诵旋律，所以在“照搬套调”的练习当中，只针对律诗吟诵中的“音乐结构”方面进行讲解。

1. 李白　《渡荆门送别》

渡远荆门外，
来从楚国游。
山随平野尽，
江入大荒流。
月下飞天镜，
云生结海楼。
仍怜故乡水，
万里送行舟。

《渡荆门送别》是李白第一次经水路出蜀离乡，途经荆门时赠别家乡而作的一首五律。全诗气象高远，描写瑰丽，充满了少年远游的昂扬激情和蓬勃朝气。所以在众多的传统吟诵调中，笔者选用了程滨老师传承戴君仁先生的仄起五律《旅夜书怀》的吟诵旋律。这个吟诵调的一个最大特点就是将全曲的最高音放在了句首，使得一开腔就激情饱满，张力四射，非常契合李白当时少年出蜀、壮怀激烈的不羁性情。另外，仄起五律《旅夜书怀》的吟诵调结构最为简单——将仄起五绝的旋律直接使用两遍即可。所以，在刚开始学习套调时最好模拟操作。

请参看谱例【9.1】。

注：红色是要拉长音的节点字，绿色是要断读的入声字，黄色标记的则是要拉长音的韵字。

在套调的时候，一定要把原调的旋律短句和音乐结构弄清楚。在完全套用的练习中，我们将戴君仁、徐永端和刘季高三位先生的律诗吟诵旋律的结构再细捋一遍。

通过谱例【9.2】戴君仁先生传调的律诗吟诵旋律分析，可以看出戴君仁先生的五言律诗的吟诵旋律的结构规律如下。

（1）平起五律的一、二两句旋律套用了平起五绝的一、二两句旋律。三、四两句旋律套用了仄起五绝的一、二两句旋律。五、六两句旋律套用了平起五绝与仄起五绝共用的吟诵旋律。七、八两句旋律套用了仄起五绝的一、二两句旋律。

请参看谱例【3.1】《寻陆鸿渐不遇》和谱例【3.3】《过故人装》，它们的吟诵旋律结构是完全相同的。

（2）仄起五律的吟诵旋律结构就相对简单很多。

一、二两句旋律套用了仄起五绝的一、二两句旋律。三、四两句旋律套用了平起五绝与仄起五绝共用的吟诵旋律。五、六两句旋律套用了仄起五绝的一、二两句旋律。七、八两句旋律套用了平起与仄起共用的吟诵旋律。

因为戴君仁先生传调的平起五绝和仄起五绝的第三、四两句的吟诵旋律相同，所以仄起五律的吟诵旋律就是直接将仄起七绝的四句旋律重复两遍。

请参看谱例【4.1】《旅夜书怀》和谱例【4.3】《商山早行》，它们的吟诵旋律结构是完全相同的。

因为没有发现戴君仁先生的七律吟诵，所以其律诗的吟诵旋律结构就只分析五言。

2. 孟浩然　《望洞庭湖赠张丞相》

八月湖水平，
涵虚混太清。
气蒸云梦泽，
波撼岳阳城。
欲济无舟楫，
端居耻圣明。
坐观垂钓者，
徒有羡鱼情。

干谒诗是古代文人为了求得进入仕途的机会，向达官贵人呈献展示自己才华与抱负的诗文，以求引荐。这种为推销自己而写的干谒诗，类似于现代的自荐信。《望洞庭湖赠张丞相》是孟浩然写给当时宰相张九龄的干谒诗。通过描述面临烟波浩渺的洞庭湖，却欲渡无舟的感叹以及临渊羡鱼的情怀，曲折地表达了诗人希望张九龄予以援引之意。全诗情感委婉含蓄，真挚得体，属干谒诗中的上乘之作。

这首《望洞庭湖赠张丞相》套用了陈少松老师所传刘季高先生的吟诵调中仄起五律《春夜喜雨》的吟诵旋律。

请参看谱例【9.3】。

注：红色是要拉长音的节点字，绿色是要断读的入声字，黄色标记的则是要拉长音的韵字。

在传统吟诵调的分析当中，刘季高先生的齐言吟诵体裁最为全面，包括平起五绝、仄起五绝、平起五律、仄起五律、平起七绝、仄起七绝、平起七律和仄起七律等八种体裁。

请参看谱例【9.4】。

从谱例【9.4】的分析中可以发现，刘季高先生的五律吟诵调中的旋律结构有两个特点。

（1）刘季高先生传承的平起五律的旋律中，很单纯地只使用了平起五绝的吟诵旋律，没有仄起五绝的旋律，更没有新素材的旋律出现。在陈少松著的《古诗词文吟诵研究》（第三版，中华书局，2017年6月）中的音频资料第26首《过故人庄》的吟诵旋律与本书所参用的《山居秋暝》的吟诵旋律完全相同。

大家若有兴趣，可以找来听听。

（2）其仄起五律的吟诵旋律相对要复杂一些，由三部分构成：仄起五绝、平起五绝以及新素材。在陈少松著的《古诗词文吟诵研究》（第三版，中华书局，2017年6月）中的音频资料第28首《夜泊牛渚怀古》的吟诵旋律与本书所参用的《春夜喜雨》的吟诵旋律完全相同。所以这个出现在仄起五律中的新素材是刘季高先生传承下来的吟诵旋律，且其旋律结构也是相对固定的。其仄起五律的吟诵旋律结构如下。

仄起五律的第一、二、三、四句的吟诵旋律完全套用仄起五绝的吟诵旋律。

第五句的吟诵旋律使用了新素材。

第六句的吟诵旋律使用了平起五绝的第四句吟诵旋律。

第七句的吟诵旋律使用了平起五绝的第三句吟诵旋律。

第八句的吟诵旋律使用了仄起五绝的第四句吟诵旋律。

刘季高先生的七律吟诵调中的旋律结构比较复杂，所以还是用谱例分析比较直观，请参看谱例【9.5】。

通过谱例【9.5】可以得出以下结论。

（1）刘季高先生的七律的吟诵旋律也由三部分构成：平起七绝、仄起七绝，以及用红色和绿色标注的新素材。

（2）在平起七律的吟诵中，第一、二、三、四句的吟诵旋律完全套用了平起七绝的吟诵旋律，如谱例中的黄色标记。

第五句使用了新素材，如谱例中的红色标记，而这部分的旋律也与平起七绝的第三句保持着“异首同尾”的关系。第六句的吟诵旋律使用了仄起七绝的第四句的吟诵旋律。

第七句的吟诵旋律使用了新素材，如谱例中的绿色标记。

第八句的吟诵旋律使用了平起七绝的第四句的吟诵旋律。

（3）在仄起七律的吟诵中，第一、二、三、四句的吟诵旋律完全套用了仄起七绝的吟诵旋律，如谱例中的蓝色标记。

第五句使用了新素材，如谱例中的绿色标记，而这部分的旋律也与平起七律的第七句的旋律完全相同。

第六句的吟诵旋律使用了平起七绝的第四句的吟诵旋律。

第七句的吟诵旋律使用了新素材，如谱例中的红色标记，而这部分的旋律也与平起七律的第五句的旋律完全相同。

第八句的吟诵旋律使用了仄起七绝的第四句的吟诵旋律。

3. 韩愈 《左迁至蓝关示侄孙湘》

一封朝奏九重天，
夕贬潮州路八千。
欲为圣朝除弊事，
肯将衰朽惜残年！
云横秦岭家何在？
雪拥蓝关马不前。
知汝远来应有意，
好收吾骨瘴江边。

左迁就是降级，贬谪，如李白的《闻王昌龄左迁龙标遥有此寄》等。这首《左迁至蓝关示侄孙湘》属典型的贬谪诗。贬谪诗何朝为始，尚无定论，但通常都把屈原作为中国文学史上早期出现的最具代表性的贬谪诗人。屈原忠君爱国，抱节守志，为后来的贬谪诗人树立了理想的人格范式。做官的文人遭受贬黜，仕途失意，甚至性命堪忧，致使贬谪诗大多以诉穷说愁，愤怨泄恨为主。《左迁至蓝关示侄孙湘》的主要情绪也是如此，所以在套调练习中，笔者选用了由陈少松老师所传徐永端先生的吟诵调中平起七律《新城道中・其一》的吟诵旋律。徐永端先生的这首吟诵旋律充满了沉郁顿挫之感，与诗中所表达的情绪一致。

请参看谱例【9.6】。

注：红色是要拉长音的节点字，绿色是要断读的入声字，黄色标记的则是要拉长音的韵字。

请参看谱例【9.7】。

通过徐永端先生的律诗吟诵旋律的分析，由此可以看出徐永端先生的七言律诗吟诵旋律的结构规律。

（1）在平起七律中，第一、二、三、四句的吟诵旋律全部使用了平起七绝的吟诵旋律。

第五、六两句的吟诵旋律使用了仄起七绝的第三、四两句的吟诵旋律。

第七、八两句的吟诵旋律又使用了平起七绝的第三、四两句的吟诵旋律。

（2）在仄起七律中，第一、二、三、四句的吟诵旋律全部使用了仄起七绝的吟诵旋律。

第五、六两句的吟诵旋律使用了平起七绝的第三、四两句的吟诵旋律。

第七、八两句的吟诵旋律又使用了仄起七绝的第三、四两句的吟诵旋律。

徐永端先生的律体吟诵旋律结构很有规律，也没有除七绝之外的新旋律出现。因为没有发现徐永端先生的五言吟诵，所以在“直接套调”的环节中不分析五言律体的旋律结构了。

4. 小结

通过对戴君仁先生的五言律诗、徐永端先生的七言律诗，以及刘季高先生的五言律诗和七言律诗吟诵旋律的分析，我们对八句律体的吟诵旋律有了更清楚的认识和了解。

（1）律体的吟诵旋律基本上来自其绝句的旋律素材，虽偶尔有变化，也与原曲调的旋律特点保持高度统一，如在主干音、节奏型、起始音和落音方面。

（2）律体的吟诵旋律的结构有多种方式，平起律体可以杂用仄起绝句，也可以只用平起绝句。一般情况下，平起律诗的前四句都是“照搬”其平起七绝的前四句，在第五句时往往会发生变化，或者使用新素材旋律，或者杂用仄起绝句中的旋律。到了第八句就又回到其平起绝句的第四句旋律上，使得平起律诗与其平起绝句保持高度统一。仄起律诗的旋律结构亦然，不再赘述。

建议大家在学习中多思考，多揣摩。任何相同的旋律，在套用时都会有微调，就像世界上找不出两片相同的树叶一样。

二、变化套调练习

“变化套调”相对于“直接套调”来说要稍复杂一些。可将自己喜爱的旋律通过各种“伸缩”变化来展现吟诵诗文中所要传达的意境和深意。

（一）七言变五言或四言的套调（缩调）练习

1. 白居易　《池上》

小娃撑小艇，
偷采白莲回。
不解藏踪迹，
浮萍一道开。

这首《池上》在平起五绝时讲过，吟诵时要突出一个“趣”字。为了更好地说明传统吟诵调有很强的“可塑性”，笔者特意用一个反差很大的吟诵旋律进行套用，即陈少松老师所传徐永端先生的平起七绝《清明》的吟诵旋律。

请参看谱例【9.8】。

以七言套五言，在吟诵旋律的变化方面就要采用“缩调”的方式，找出旋律中的骨干音并进行重组，这样既有相似性又有变化。

请参看谱例【9.9】。

所谓的骨干音是指旋律的起音、落音和使用频率高的音。

2. 曹操　《观沧海》

东临碣石，
以观沧海。
水何澹澹，
山岛竦峙。
树木丛生，
百草丰茂。
秋风萧瑟，
洪波涌起。
日月之行，
若出其中。
星汉灿烂，
若出其里。
幸甚至哉，
歌以咏志。

《观沧海》是曹操北征乌桓，胜利班师，途中登临碣石山时所作的乐府组诗《步出夏门行》中的第一章，全诗通过对波涛汹涌、吞吐日月的大海的生动描绘，让我们感受到曹操以景托志、胸怀天下的进取精神。

曹操（155年—220年），字孟德，小名阿瞒，沛国谯县（今安徽亳州）。东汉末年著名的军事家、政治家，开启并繁荣了建安文学。被誉为“上马横槊下马诗”的一代枭雄。

《观沧海》选自由程滨老师传调，源自戴君仁先生的平起七绝《逢入京使》

的吟诵调。

请参看谱例【9.10】。

以七言套四言，看似与谱例【9.9】一样要采用“缩调”方式，可笔者将一句七言的吟诵旋律拆分成两句四言的吟诵旋律，实际上是以七言套八言的方式进行转换。

3. 孟浩然 《早寒有怀》

木落雁南度，
北风江上寒。
我家襄水曲，
遥隔楚云端。
乡泪客中尽，
孤帆天际看。
迷津欲有问，
平海夕漫漫。

这是一首情感复杂的抒情诗，诗人一方面有意归隐，想过恬淡自在的田园生活；一方面又想入仕做官，以展宏图报效国家。这种左右矛盾、拿捏不定的情绪就构成了诗的内容。

仄起五律《早寒有怀》的套调旋律选用了由徐健顺老师传调，源自刘衍文先生的平起七绝《秋思》的吟诵调。

请参看谱例【9.11】。

4. 孟浩然 《宿桐庐江寄广陵旧游》

山暝听猿愁，
沧江急夜流。
风鸣两岸叶，
月照一孤舟。

建德非吾土，
维扬忆旧游。
还将两行泪，
遥寄海西头。

《宿桐庐江寄广陵旧游》是孟浩然乘舟停宿桐庐江的时候，怀念广陵（扬州市广陵区）友人之作。“山暝”、“猿愁”、“夜流”、“孤舟”等意象的出现，使得全诗意境清冷寥落、伤感孤寂。该诗选用了由徐健顺老师传调，源自高文先生的仄起七绝《清平调》的吟诵调。

请参看谱例【9.12】。

（二）五言变七言的套调（扩调）练习

1. 王之涣　《凉州词》

黄河远上白云间，
一片孤城万仞山。
羌笛何须怨杨柳，
春风不度玉门关。

《凉州词》中所描绘的景色迤逦、雄阔，情感苍凉、悲壮，历来被誉为唐代边塞诗中的名篇。这首平起七绝的吟诵旋律套用了由彭世强老师传调的平起五绝《鸟鸣涧》的吟诵调。

请参看谱例【9.13】。

2. 刘禹锡　《竹枝词·其一》

杨柳青青江水平，
闻郎江上踏歌声。
东边日出西边雨，
道是无晴却有晴。

这是一首描写爱情的民歌，吟诵起来有甜蜜的回味就好，吟诵旋律套用了戴学忱老师传调的仄起五绝《登鹳雀楼》的吟诵调。

请参看谱例【9.14】。

由以上谱例可以得出以下结论。

（1）套调吟诵是学习吟诵的升级阶段，前提是一定要将“模板调”烂熟于心，方可灵活套用。

（2）套调时，要把握好所吟诗文的长短节奏，要将重要的字挑选出来，反复诵读打磨，以感受诗文整体的内涵、气韵。

（3）将自己喜爱的吟诵旋律的模板套在诗文当中。

（4）套调必须遵循“依字行腔，平长仄短，入声出口断”的法则。

第五章
齐言韵诗的创调练习

创调练习是吟诵的最后阶段，也是吟诵的最终目的——用自己的声音去感悟。

当初跟徐健顺老师学习吟诵创调时，他曾说：吟诵旋律没有好与坏，只有对和错，旋律再好听，出错了也是没有意义的，反而对诗文的学习是一种莫大的伤害。那么如何做到“不出错”呢？请牢记“依字行腔，平长仄短，入声出口断”法则。

1. 乐府　《江南》

江南可采莲，
莲叶何田田，
鱼戏莲叶间。
鱼戏莲叶东，
鱼戏莲叶西，
鱼戏莲叶南，
鱼戏莲叶北。

《江南》的吟诵旋律来自《我爱吟诵》中原诗吟诵调的改编，也就是在原有吟诵旋律的基础上进行了扩充，再多加了一个尾声而已。

请参看谱例【10.1】。

2. 高鼎　《村居》

草长莺飞二月天，
拂堤杨柳醉春烟。
儿童散学归来早，
忙趁东风放纸鸢。

高鼎，字拙吾，生卒年不详，清代晚期诗人，今浙江省杭州市人，著有《拙吾诗文稿》。《村居》是其流传最广的一首诗作，全诗生机盎然，活泼灵动。

请参看谱例【10.2】。

3. 杜牧 《泊秦淮》

烟笼寒水月笼沙，
夜泊秦淮近酒家。
商女不知亡国恨，
隔江犹唱后庭花。

诗中“烟”、“水”、“月”、“沙”等众多意象共同勾勒出一幅迷蒙冷寂的湖面晚景图，配合“商女”、“后庭花”、“亡国恨”这些典故，让我们和作者一同去感受那种满怀激愤却无奈可施的忧思叹惋之情。

请参看谱例【10.3】。

4. 李白 《行路难》

金樽清酒斗十千，
玉盘珍羞直万钱。
停杯投箸不能食，
拔剑四顾心茫然。
欲渡黄河冰塞川，
将登太行雪满山。
闲来垂钓碧溪上，
忽复乘舟梦日边。
行路难，行路难，
多歧路，今安在？
长风破浪会有时，
直挂云帆济沧海！

《行路难》为乐府体裁，其内容多写世路艰难和离别悲伤之情。李白的这首诗是其卸任翰林供奉之职，离京时所作三首《行路难》中的第一首。诗中有两个典故："垂钓碧溪"和"梦日边"，姜太公吕尚曾在渭水的磻溪钓鱼，因而得遇周文王，助周灭商；伊尹曾梦见自己乘船从日月旁边经过后，被商汤聘请，助商灭夏。吕尚和伊尹都曾辅佐帝王建立不朽功业，李白借此表明自己对从政的执着期待。可"冰塞川"、"雪满山"的现实又使得他"不能食"、"心茫然"。即便如此，他还是要去"长风破浪济沧海"。李白最是一个纯粹之人，尽管苦闷、愤郁、不平，可仍旧自信、顽强、豁达。这首《行路难》共十四句、八十二个字，展示了诗人力图从苦闷中挣脱出来的顽强精神和坚持理想的品格。

请参看谱例【10.4】。

5. 白居易　《卖炭翁》

卖炭翁，
伐薪烧炭南山中。
满面尘灰烟火色，
两鬓苍苍十指黑。
卖炭得钱何所营？
身上衣裳口中食。
可怜身上衣正单，
心忧炭贱愿天寒！
夜来城外一尺雪，
晓驾炭车辗冰辙。
牛困人饥日已高，
市南门外泥中歇。
翩翩两骑来是谁？
黄衣使者白衫儿。
手把文书口称敕，

回车叱牛牵向北。
一车炭，千余斤，
宫使驱将惜不得。
半匹红绡一丈绫，
系向牛头充炭直。

《卖炭翁》是白居易采用新乐府形式写的叙事诗。该诗通过完整的故事情节和人物描写揭露了“宫室”的掠夺本质，表达了诗人对劳动人民的深切同情。

请参看谱例【10.5】。

附录

谱例

谱例【1.1】

鸟鸣涧

胡水欣学吟　彭世强老师传调　胡水欣记谱整理

3	3·	23	12	207 0	|
人	闲	桂	花	落	
6	67	2	7 –	5 3·	|
夜	静	春	山	空	
3	3 0	5	7 –	653 0	|
月	出	惊	山	鸟	
72	7 1	5	27 0	53 3--	‖
时	鸣	春	涧	中	

谱例【1.2】

鸟鸣涧

胡水欣学吟 陈少松老师传调 胡水欣记谱整理

5	32 3-	5	5 1̇	6056 056	|
人	闲	桂	花	落	
1̇	1̇2̇ 1̇	6	65 5 23 2	1-	|
夜	静	春	山	空	
305	3023	5	51̇	656 01̇	|
月	出	惊	山	鸟	
6	65 532 3-	5	65 023 2	1---	‖
时	鸣	春	涧	中	

谱例【1.3】

池上

胡水欣学吟　程滨老师传调　胡水欣记谱整理

2	1 2	32	3	3 2 ·	|
小	娃	撑	小	艇	
1	12	70	6 ·	6 5 ·	|
偷	采	白	莲	回	
3	5 06	1	7	60 0	|
不	解	藏	踪	迹	
1	12	70	6 0	676 5-	‖
浮	萍	一	道	开	

谱例【1.4】

宿建德江

胡水欣学吟　程滨老师传调　胡水欣记谱整理

2	1 2	302	3	320	|
移	舟	泊	烟	渚	
10	102	70	6·	65--·	|
日	暮	客	愁	新	
3	5 0 6	1	7	60 0	|
野	旷	天	低	树	
1	1 2	70	6 0	6765--	‖
江	清	月	近	人	

谱例【1.5】

夏日绝句

胡水欣学吟　程滨老师传调　胡水欣记谱整理

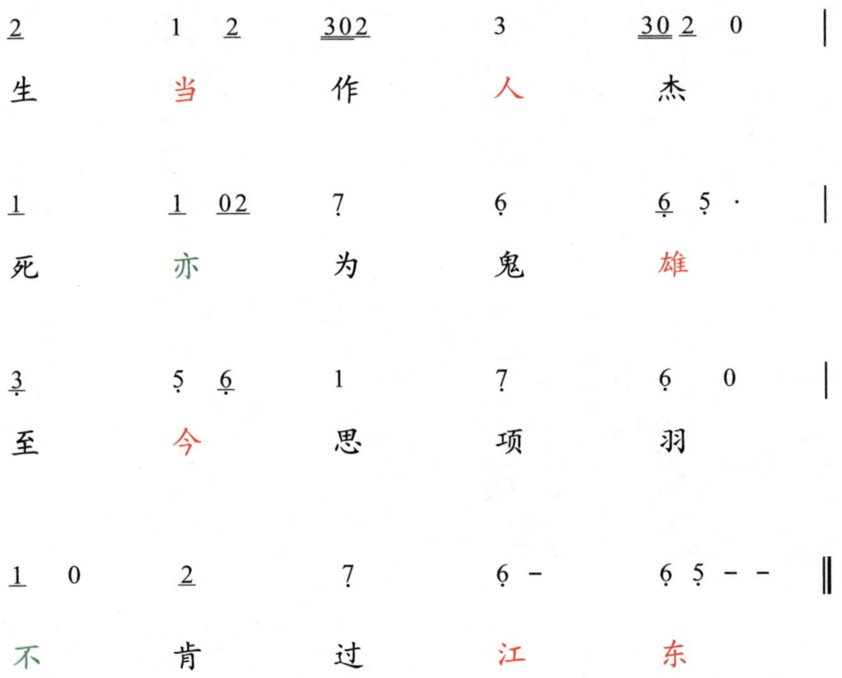

谱例【2.1】

登鹳雀楼

胡水欣学吟　戴学忱老师传调　胡水欣记谱整理

20	20	3	3 - -	32 0 |
白	日	依	山	尽
5	565 5 -	3	1 0	2 · 121 6- |
黄	河	入	海	流
6	1·	3	1	20 0 |
欲	穷	千	里	目
7	7 0	20	2322--	5 6--- ‖
更	上	一	层	楼

谱例【2.2】

梅花

胡水欣学吟　陈少松老师传调　胡水欣记谱整理

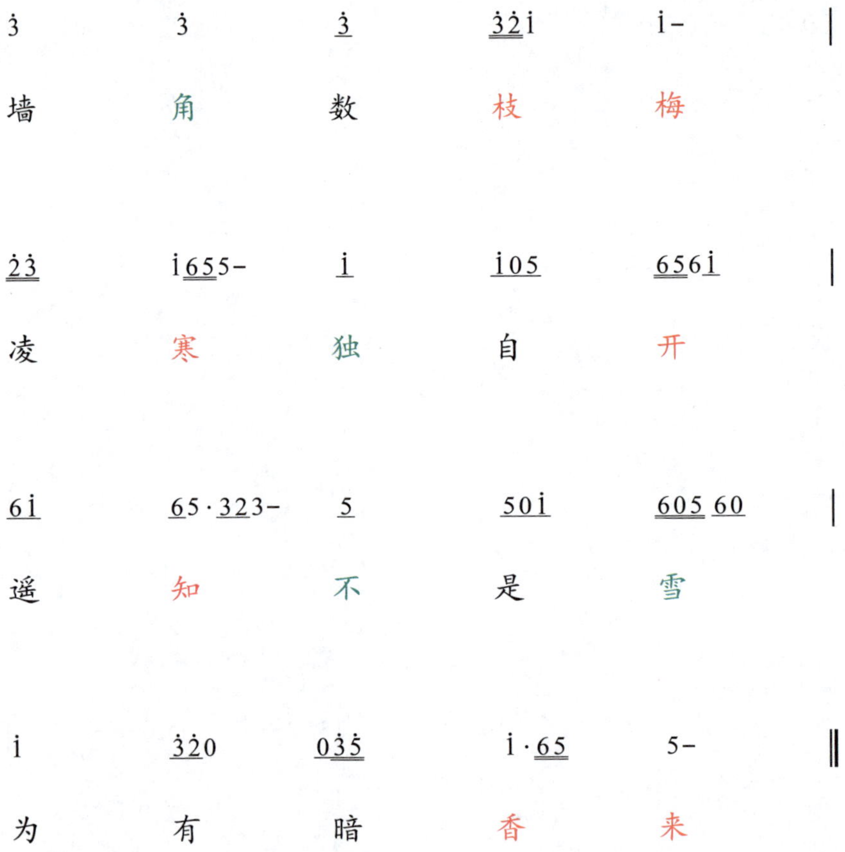

谱例【2.3】

渡汉江

胡水欣学吟 程滨老师传调 胡水欣记谱整理

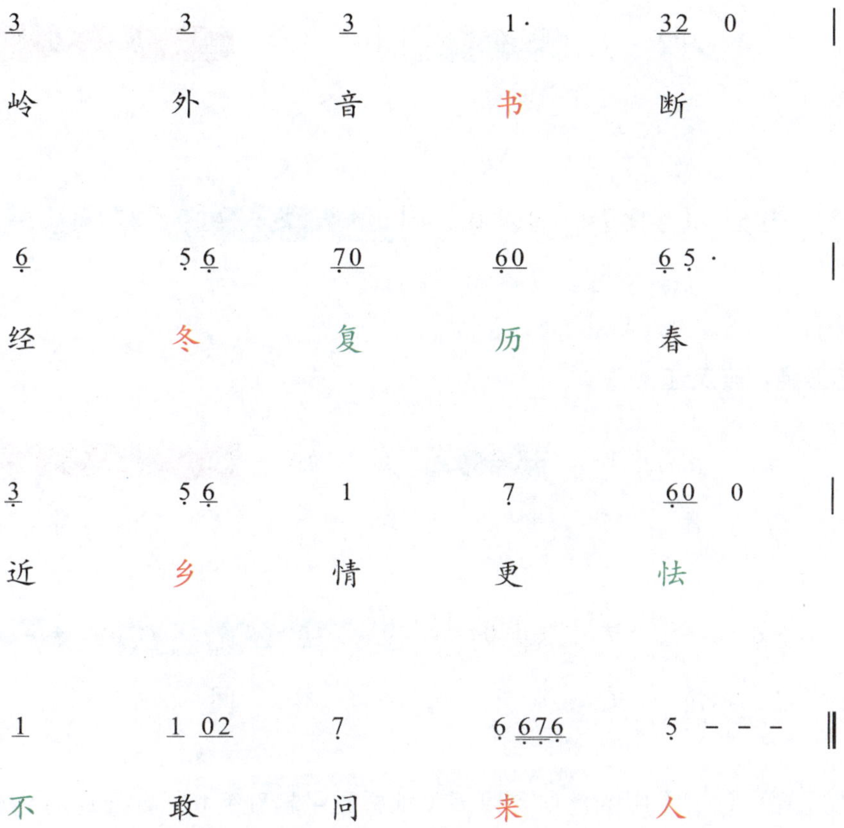

谱例【2.4】

由程滨老师所传戴君仁先生的吟诵调中

平起五绝与仄起五绝吟诵旋律的对比分析①

1. 平起五绝：宿建德江

2	1 2	302	3	320 0	10	102	70	6·	6 5·
移	舟	泊	烟	渚	日	暮	客	愁	新
3	506	1	7	60 0	1	12	700	6	6765-
野	旷	天	低	树	江	清	月	近	人

2. 仄起五绝：渡汉江

3	3	3	1·	32 0	6	56	70	60	65--·
岭	外	音	书	断	经	冬	复	历	春
3	5 6	1	7	60 0	1	102	7	6766	5---
近	乡	情	更	怯	不	敢	问	来	人

通过谱例【2.4】中的色块可以清楚地看到平起五绝和仄起五绝吟诵旋律的相同之处。

（1）两首诗的三、四两句的吟诵旋律基本相同，如黄色与蓝色图标。

（2）两首诗的一、二两句末尾的旋律基本相同，如绿色和红色图标。

谱例【2.5】

由陈少松老师所传刘季高先生的吟诵调中

平起五绝与仄起五绝吟诵旋律的对比分析

1. 平起五绝：鸟鸣涧

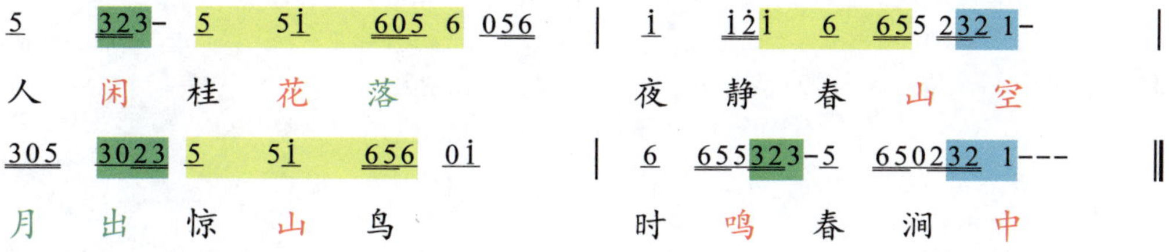

2. 仄起五绝：梅花

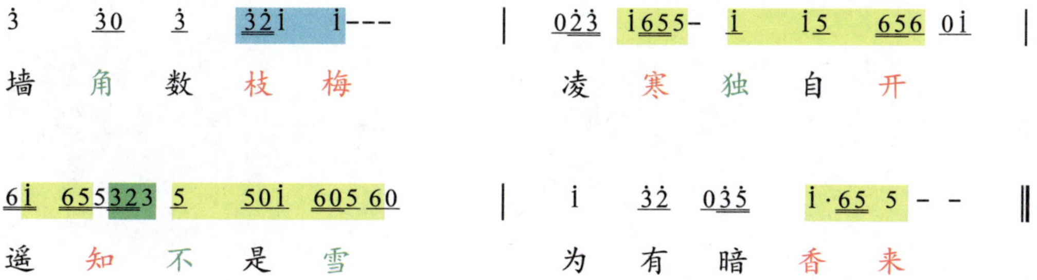

通过谱例【2.5】可以看出，由陈少松老师所传刘季高先生的吟诵调，其平起五绝和仄起五绝的吟诵旋律不像戴君仁先生的吟诵调中有较为明显的重复部分，但同样有其体系中的共同特征。

（1）其旋律以级进和小跳为主，仅出现 5 至 i 的四度上行和 5 至 2 的四度下行。

（2）喜欢用 323、321、656、i65 等旋律短句。

（3）尽管平起五绝和仄起五绝的调式不同，一个是 c 宫调式、一个是 g 徵调式，但它们都是以“356i”为骨干音构成的旋律。

谱例【3.1】

寻陆鸿渐不遇

胡水欣学吟　程滨老师传调　胡水欣记谱整理

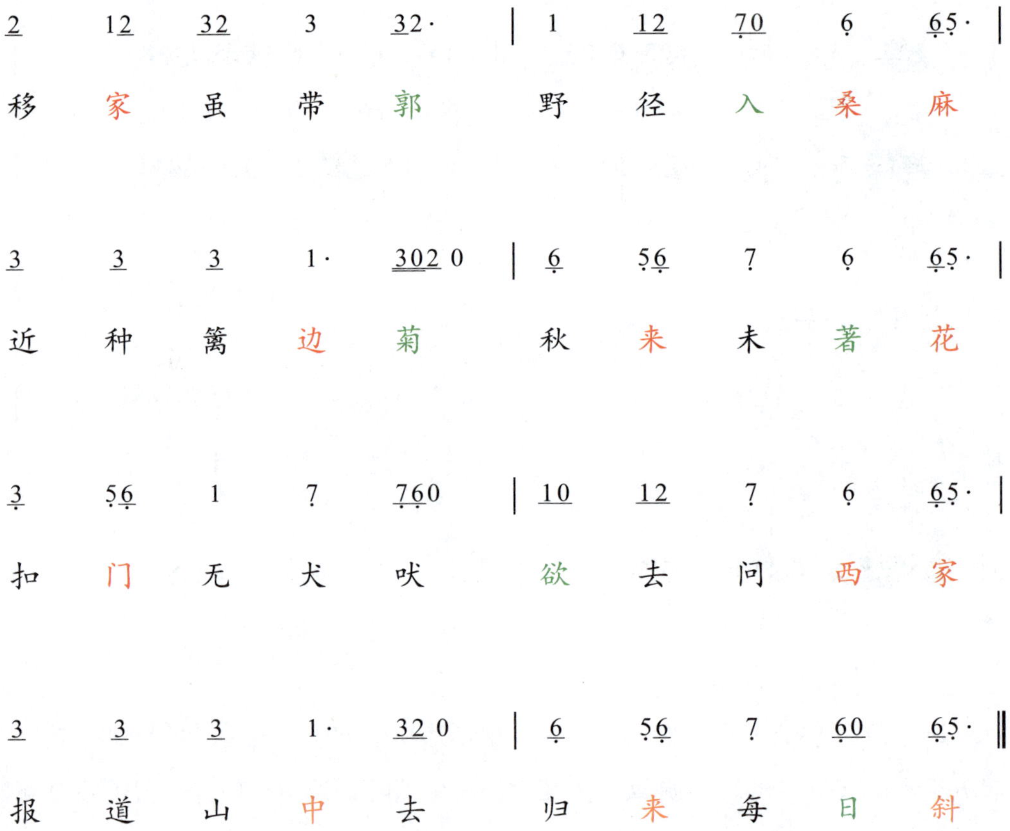

谱例【3.2】

由程滨老师所传戴君仁先生的平起五律吟诵中的旋律分析

1. 平起五绝：池上

2	12	32	3	32·	|	1	12	70	6	6 5· |
小	娃	撑	小	艇		偷	采	白	莲	回
3	56	1	7	6 0	|	1	12	70	6	676 5- ‖
不	解	藏	踪	迹		浮	萍	一	道	开

2. 仄起五绝：渡汉江

3	3	3	1·	32 0	|	6	56	70	60	65· |
岭	外	音	书	断		经	冬	复	历	春
3	5 6	1	7	60 0	|	1	102	7	676	5- ‖
近	乡	情	更	怯		不	敢	问	来	人

3. 平起五律：寻陆鸿渐不遇

2	12	32	3	32·	1	12	70	6	65·
移	家	虽	带	郭	野	径	入	桑	麻
3	3	3	1·	302 0	6	56	7	6	65·
近	种	篱	边	菊	秋	来	未	著	花
3	56	1	7	760	10	12	7	6	65·
扣	门	无	犬	吠	欲	去	问	西	家
3	3	3	1·	32 0	6	56	7	60	65·
报	道	山	中	去	归	来	每	日	斜

注：黄色标记为平起五绝旋律，红色标记为仄起五绝旋律，绿色标记为平起五绝与仄起五绝共用旋律。

谱例【3.3】

过故人庄

胡水欣学吟　程滨老师传调　胡水欣记谱整理

2　12　32　3　32·　|　32　35　7　6·　65·　|

故　人　具　鸡　黍　　邀　我　至　田　家

3　3　3　1·　302 0　|　6　56　70　6 0　65·　|

绿　树　村　边　合　　青　山　郭　外　斜

3　56　1　7　76 0　|　1　12　7　6 –　65·　|

开　轩　面　场　圃　　把　酒　话　桑　麻

3　3　3　1·　32 0　|　6　56　7　60　65·　‖

待　到　重　阳　日　　还　来　就　菊　花

谱例【3.4】

由程滨老师所传戴君仁先生的吟诵调中吟诵旋律的灵活套用分析

1. 过故人庄

2	12	32	3	32·		32	35	7	6·	65·
故	人	具	鸡	黍		邀	我	至	田	家
3	3	3	1·	302	0	6	56	70	6 0	65·
绿	树	村	边	合		青	山	郭	外	斜
3	56	1	7	76	0	1	12	7	6 –	65·
开	轩	面	场	圃		把	酒	话	桑	麻
3	3	3	1·	32	0	6	56	7	60	65·
待	到	重	阳	日		还	来	就	菊	花

2. 寻陆鸿渐不遇

2	12	32	3	302·		1	12	7	6·	65·
移	家	虽	带	郭		野	径	入	桑	麻
3	3	3	1·	32	0	6	56	7	6	65·
近	种	篱	边	菊		秋	来	未	著	花
3	56	1	7	76	0	1	10 2	7	6	65·
扣	门	无	犬	吠		欲	去	问	西	家
3	3	3	1·	32	0	6	56	7	60	65·
报	道	山	中	去		归	来	每	日	斜

谱例【3.5】

山居秋暝

胡水欣学吟　陈少松老师传调　胡水欣记谱整理

6　653-　5　501̇　656056 | 1̇　1̇2̇1̇01̇　6　650232　1- |

空　山　新　雨　后　天　气是　晚　来　秋

35　3023　5　51̇　656 01̇ | 6　655323-　60　650232　1--- |

明　月　松　间　照　清　泉　石　上　流

35　323　5　501̇　656056 | 1̇　1̇2̇1̇ 01̇　6　65232　1--- |

竹　喧　归　浣　女　莲　动是　下　渔　舟

35　323　5　51̇　605601̇ | 6　655323-　5　650232　1--- ‖

随　意　春　芳　歇　王　孙　自　可　留

谱例【3.6】

由陈少松老师所传刘季高先生的吟诵调中
平起五律吟诵旋律的构成分析

注：在陈少松老师传调的五律当中，其旋律全部来自平起五绝。如用黄色标记平起五绝中的第一句，绿色标记平起五绝中的第二句，蓝色标记平起五绝中的第三句，红色标记平起五绝中的第四句。这样，大家就可一目了然地看到在刘季高先生传调的五律当中其旋律与五绝吟诵旋律的结构关系。

1. 平起五绝：鸟鸣涧

5	323-	5	51̇	605 6 056	1̇	1̇2̇1̇	6	655 232	1-
人	闲	桂	花	落	夜	静	春	山	空
305	3023	5	51̇	656 01̇	6	655323-5		650232	1---
月	出	惊	山	鸟	时	鸣	春	涧	中

2. 平起五律：山居秋暝

6 653- 5 501̇ 656056 | 1̇ 1̇2̇1̇01̇ 6 650232 1- |

空 山 新 雨 后 天 气 是 晚 来 秋

35 3023 5 51̇ 656 01̇ | 6 655323- 60 650232 1--- |

明 月 松 间 照 清 泉 石 上 流

35 323 5 501̇ 656056 | 1̇ 1̇2̇1̇ 01̇ 6 65232 1--- |

竹 喧 归 浣 女 莲 动 是 下 渔 舟

35 323 5 51̇ 605601̇ | 6 655323- 5 650232 1--- ‖

随 意 春 芳 歇 王 孙 自 可 留

平起五绝第一句开头用的532三个音和平起五律第一句开头用的665三个音，虽然其旋律线都以小跳和级进下行发展，但由于起音不同，所以吟诵起来给人带来的画面感也不同。532给人感觉仿佛置身于山中，近看眼中的一切；而665就有远观的感觉。大家可以通过反复多次吟诵，慢慢从中体会其感受。

谱例【4.1】

旅夜书怀

胡水欣学吟　程滨老师传调　胡水欣记谱整理

3	3	3	1·	32 0	6	56	70	6	65·
细	草	微	风	岸	危	樯	独	夜	舟
3	56	1	7	76 0	1	102	7	6 –	65 – –
星	垂	平	野	阔	月	涌	大	江	流
3	3	3	1·	320	6	56	7	6	65·
名	岂	文	章	著	官	应	老	病	休
3	56	1	7	76 0	1·	2	7	6·	65 – –
飘	飘	何	所	似	天	地	一	沙	鸥

谱例【4.2】

由程滨老师所传戴君仁先生的吟诵调中

仄起五律吟诵旋律的构成分析

注：程滨老师吟诵的这首仄起五律，其吟诵旋律完全是仄起五绝《渡汉江》吟诵旋律的两遍重复。这是一种简单、容易掌握的吟诵旋律组合。用黄色标注第一句、绿色标注第二句、蓝色标注第三句、红色标注第四句，一目了然。

1. 仄起五绝：渡汉江

3	3	3	1·	32 0	6	56	70	60	6 5·
岭	外	音	书	断	经	冬	复	历	春
3	5 6	1	7	60 0 0	1	102	7	676 6	6 5--
近	乡	情	更	怯	不	敢	问	来	人

2. 仄起五律：旅夜书怀

3	3	3	1·	32 0	6	56	70	6	65·
细	草	微	风	岸	危	樯	独	夜	舟
3	56	1	7	76 0	1	102	7	6-	65--
星	垂	平	野	阔	月	涌	大	江	流
3	3	3	1·	320	6	56	7	6	65·
名	岂	文	章	著	官	应	老	病	休
3	56	1	7	76 0	1·	2	7	6·	65--
飘	飘	何	所	似	天	地	一	沙	鸥

谱例【4.3】

商山早行

胡水欣学吟　程滨老师传调　胡水欣记谱整理

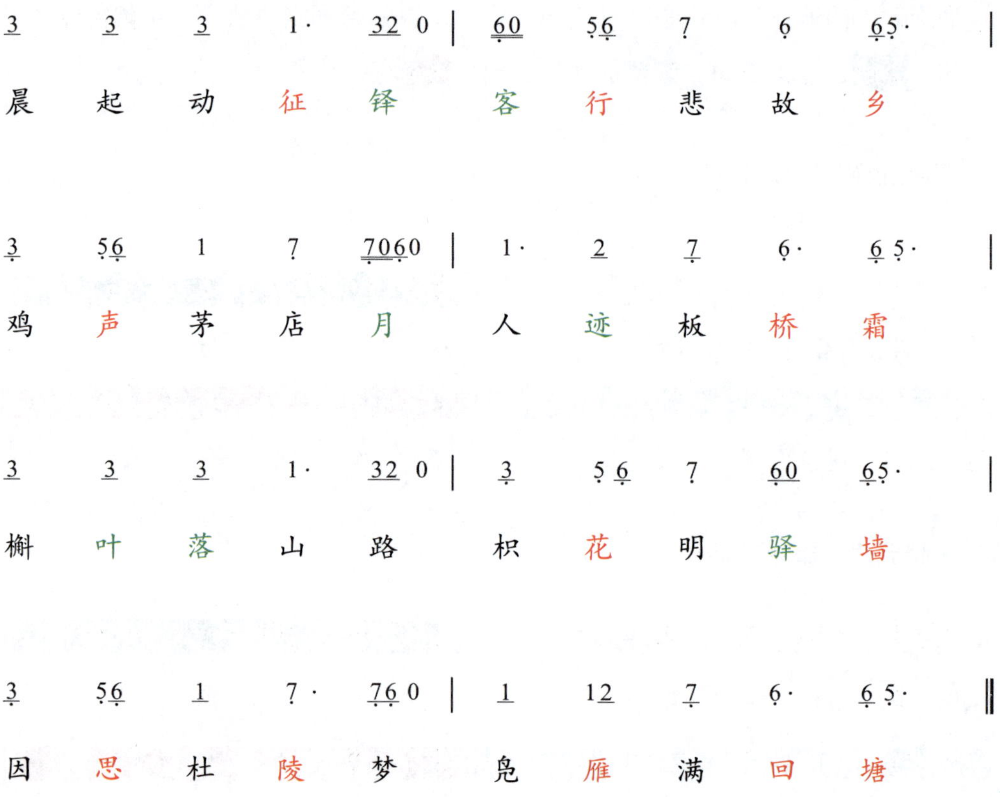

谱例【4.4】

春夜喜雨

胡水欣学吟　陈少松老师传调　胡水欣记谱整理

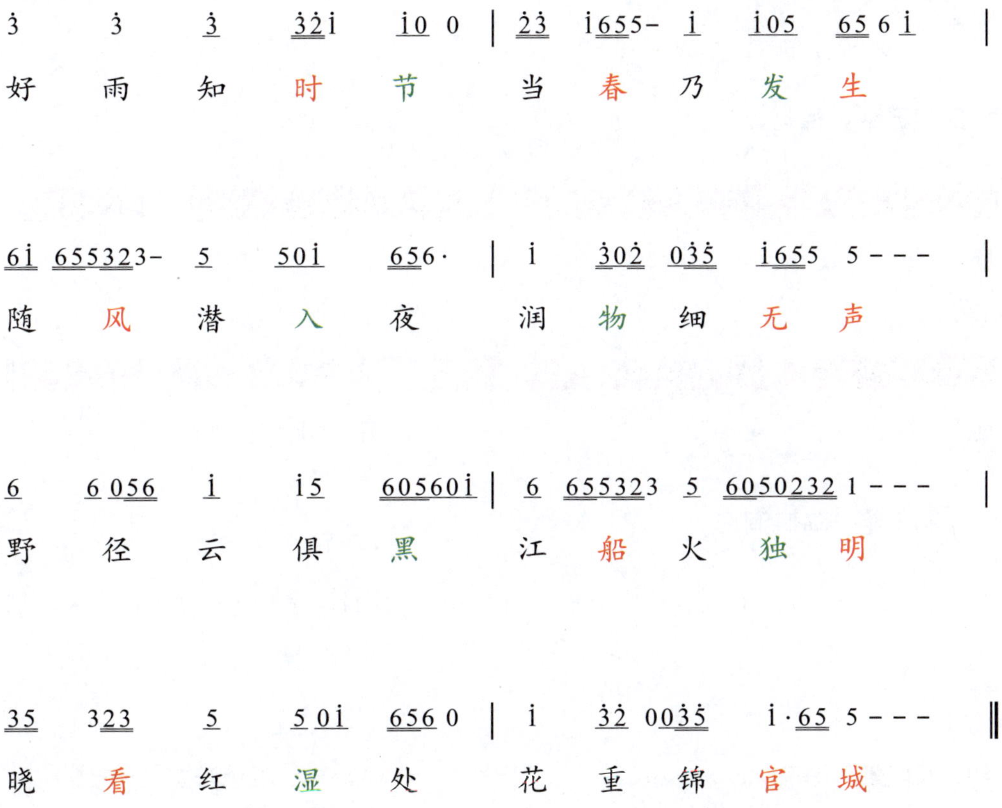

谱例【4.5】

由陈少松老师所传刘季高先生的吟诵调中

仄起五律吟诵旋律的构成分析

红色为仄起五律中使用的仄起五绝旋律，黄色为仄起五律中使用的平起五绝旋律。

1. 仄起五绝：梅花

3̇ 30 3 3̇2̇i̇ i̇--- | 02̇3̇ i̇655- i̇ i̇5 656 0i̇ |

墙 角 数 枝 梅 凌 寒 独 自 开

6i̇ 655323 5 50i̇ 605 60 | i̇ 3̇2̇ 03̇5̇ i̇·65 5 - - ‖

遥 知 不 是 雪 为 有 暗 香 来

2. 平起五绝：鸟鸣涧

5 323 5 5i̇ 6056 056 | i̇ i̇2̇i̇ 6 655 232 1--- |

人 闲 桂 花 落 夜 静 春 山 空

305 3023 5 5i̇ 656 0i̇ | 6 655323- 5 650232 1--- ‖

月 出 惊 山 鸟 时 鸣 春 涧 中

3. 仄起五律：春夜喜雨

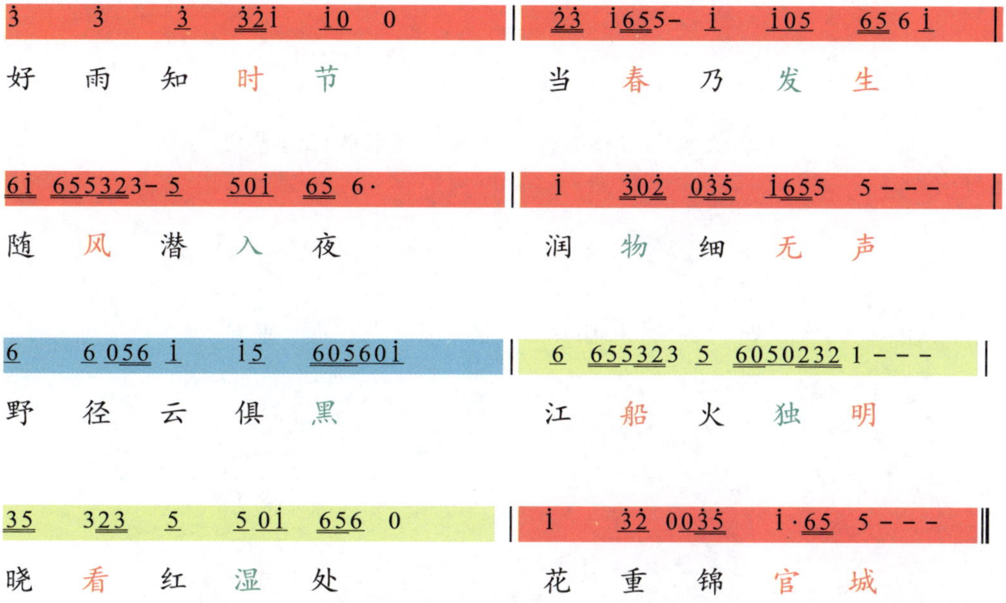

注：红色标记为仄起五绝旋律，黄色标记为平起五绝旋律。蓝色标记第五句的旋律 6 6 056 1̇ 1̇5 605601̇ 其实是平起五绝第三句 305 3023 5 51̇ 656 01̇ 的一种变化重复。两句的主干音都包括561̇三个音，除此之外，两句都以 656 01̇ 结尾。有关旋律的变化和融合的感知，还需要通过反复多次诵唱来慢慢体会。

谱例【5.1】

竹里馆

胡水欣学吟　程滨老师传调　胡水欣记谱整理

3	3	3	1·	32 0	|
独	坐	幽	篁	里	
6	56	70	6	65·	|
弹	琴	复	长	啸	
3	56	1	70	76·	|
深	林	人	不	知	
1·	2	27·	6 –	65·	‖
明	月	来	相	照	

谱例【5.2】

由程滨老师所传戴君仁先生的吟诵调中

五言律绝和五言古绝吟诵旋律的对比分析

1. 平起五绝：宿建德江

2	12	302	3	302	|	10	102	70	6–	65 – – |
移	舟	泊	烟	渚		日	暮	客	愁	新
3	506	1	7	60 0	|	1	12	70	6	6765 – – ‖
野	旷	天	低	树		江	清	月	近	人

2. 平起古绝：春晓

2	12	302	30	3 2·	|	10	102	7	6–	65 – – |
春	眠	不	觉	晓		处	处	闻	啼	鸟
3	56	1	7	6 –	|	1 ·	20	7	6 –	6765 – – ‖
夜	来	风	雨	声		花	落	知	多	少

3. 仄起五绝：渡汉江

3 3 3 1· 32 0 | 6 56 70 60 65 5 - - |

岭 外 音 书 断 经 冬 复 历 春

3 5 6 1 7 60 0 0 | 1 102 7 676· 65 5 - - ‖

近 乡 情 更 怯 不 敢 问 来 人

4. 仄起五古：竹里馆

3 3 3 1· 32 0 | 6 56 70 6 65· |

独 坐 幽 篁 里 弹 琴 复 长 啸

3 56 1 70 76· | 1· 20 7 6 65 5 - - ‖

深 林 人 不 知 明 月 来 相 照

谱例【5.3】

春晓

胡水欣学吟　程滨老师传调　胡水欣记谱整理

2	2	2	21	2 0·	|
春	眠	不	觉	晓	
32	35	3	232	1 0 7	|
处	处	闻	啼	鸟	
6	6·	6	65	6 –	|
夜	来	风	雨	声	
1·	20	7	65 0	503 3	‖
花	落	知	多	少	

谱例【5.4】

望岳

胡水欣学吟　程滨老师传调　胡水欣记谱整理

2	2	23	21	2 0 |	32	35	3	232	1 – |
岱	宗	夫	如	何	齐	鲁	青	未	了
6	6·	6	65	6 |	1	12	70	65	53· |
造	化	锺	神	秀	阴	阳	割	昏	晓
2	2	35	32	1– |	60	65	601	76	5– |
荡	胸	生	层	云	决	眦	入	归	鸟
6	6·	6	605	6– |	10	12	7	65·	53· ‖
会	当	凌	绝	顶	一	览	众	山	小

谱例【5.5】

长歌行

胡水欣学吟　程滨老师传调　胡水欣记谱整理

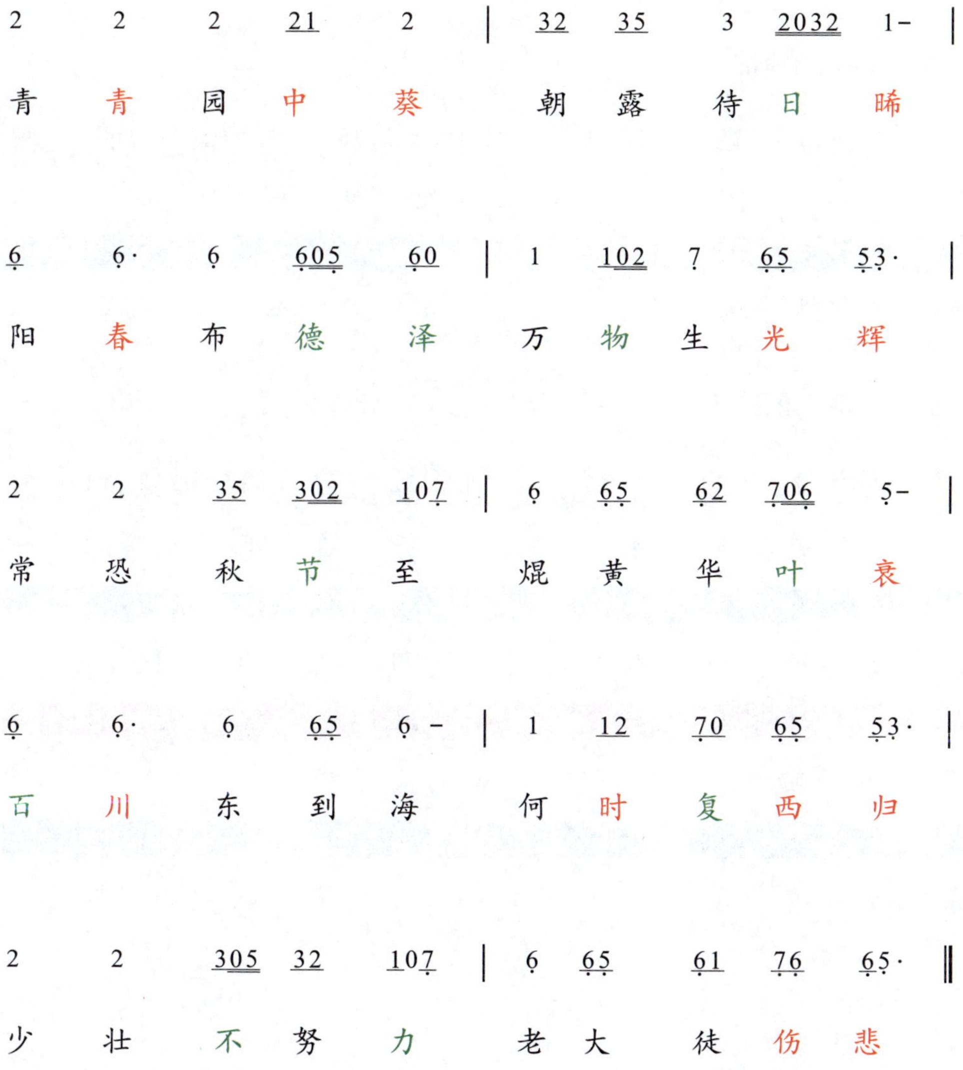

谱例【5.6】

由程滨老师所传戴君仁先生的吟诵调中五言古体的吟诵旋律分析

以《春晓》为例，第一、二句的旋律用黄色标记，第三、四句的旋律用绿色标记；新素材的旋律用红色标记。

1. 五言古绝：春晓

2	2	20	201	20·	32	35	3	232	107
春	眠	不	觉	晓	处	处	闻	啼	鸟
6	6·	6	65	6–	1·	20	7	65 0	5033
夜	来	风	雨	声	花	落	知	多	少

2. 五言古律：望岳

2	2	23	21	2 0	32	35	3	232	1–
岱	宗	夫	如	何	齐	鲁	青	未	了
6	6·	6	65	6	1	12	70	65	53·
造	化	锺	神	秀	阴	阳	割	昏	晓
2	2	35	32	1–	60	65	601	76	5–
荡	胸	生	层	云	决	眦	入	归	鸟
6	6·	6	605	6–	10	12	7	65·	53·
会	当	凌	绝	顶	一	览	众	山	小

3. 汉乐府：长歌行

2	2	2	21	2	|	32	35	3	2032	1 -	|
青	青	园	中	葵		朝	露	待	日	晞	
6	6·	6	605	60	|	1	102	7	65	53·	|
阳	春	布	德	泽		万	物	生	光	辉	
2	2	35	302	107	|	6	65	62	706	5 -	|
常	恐	秋	节	至		焜	黄	华	叶	衰	
6	6·	6	65	6 -	|	1	12	70	65	53·	|
百	川	东	到	海		何	时	复	西	归	
2	2	305	32	107	|	6	65	61	76	65·	‖
少	壮	不	努	力		老	大	徒	伤	悲	

在《长歌行》的第三联中，出现了与《春晓》不一样的旋律素材：

2 2 35 302 1 07 | 6 65 62 706 5 - |

回想我们在学习平起五律吟诵时，曾对戴君仁先生传调的平起五绝《池上》和平起五律《寻陆鸿渐不遇》进行过旋律对比。发现在平起五律中，杂用了仄起五绝的吟诵旋律，因为在《我爱吟诵》这套书中没有找到程滨老师吟诵的仄起古绝的例子，所以只能推断，红色标记的新素材应属仄起五古中的旋律。平起五古《望月》吟诵旋律的结构和平起五律吟诵旋律的构成方式是一样的，都是以平起五绝的旋律为主，在第五句时杂用仄起五绝的旋律。《长歌行》属于汉乐府，全诗共有十句，所以它的吟诵旋律结构比律诗的八句要稍微复杂一些。中间的第五、六句用红色标出的旋律就是多出来的音乐素材。我们发现，在五律中变化较多的为第五句的吟诵。

谱例【5.7】

由程滨老师所传戴君仁先生的五言韵诗的吟诵旋律分析

在《我爱吟诵》这套书中，程滨老师吟诵的所有戴君仁先生传调的五言韵诗中，一共出现以下 11 个旋律短句。这些旋律短句中包含 3̣5̣6̣7̣123 等七个音，若简单地将其分成“高、中、低”三个音区，当包含“3̣5̣6̣”，特别是包含“3̣”这个音时，可以将它分在“低音区域”；当包含“5̣6̣7̣1”，或者以“5̣6̣7̣1”几个音为骨干音时，就将其定为“中音区域”；当以“123”为主要骨干音的旋律时，就将之定为“高音区域”。

01： 2 1 2 32 3 32· （高）

02： 1 12 7̣0 6̣ 6̣5̣--· （中）

03： 3̣ 5̣6̣ 1 7̣ 6̣ 0 （低）

04： 3 3 3 1· 32 0 （高）

05： 6̣ 5̣6̣ 7̣ 6̣ 6̣5̣--· （中）

06： 2 2 23 21 2 0 （高）

07： 32 35 3 232 1- （高）

08： 6̣ 6̣· 6̣ 6̣5̣ 6̣ （中）

09： 1 12 7̣0 6̣5̣ 5̣3̣· （低）

10： 2 2 35 32 1- （高）

11： 6̣0 6̣5̣ 6̣01 7̣6̣ 5̣- （中）

谱例【5.8】

由程滨老师所传戴君仁先生的吟诵调中的吟诵旋律短句

在五律绝中的使用分析

1. 平起五绝：池上

（高）　　（中）

2 12 32 3 32· | 1 12 70 6· 65-- |

小 娃 撑 小 艇 　偷 采 白 莲 回

（低）　　（中）

3 56 1 7 60 0 | 1 12 70 6 676 5- ‖

不 解 藏 踪 迹 　浮 萍 一 道 开

2. 仄起五绝：渡汉江

（高）　　（中）

3 3 3 1· 32 0 | 6 56 70 60 65-- |

岭 外 音 书 断 　经 冬 复 历 春

（低）　　（中）

3 56 1 7 60 0 | 1 102 7 676 5--- ‖

近 乡 情 更 怯 　不 敢 问 来 人

谱例【5.9】

由程滨老师所传戴君仁先生的吟诵调中的吟诵旋律短句
在五律中的使用分析

1. 平起五律：过故人庄

2	12	32	3	32 0 0	32	35	7	6·	65·
故	人	具	鸡	黍	邀	我	至	田	家
3	3	3	1·	32 0 0	6	56	70	60	65·
绿	树	村	边	合	青	山	郭	外	斜
3	56	1	7	76 0	1	102	7	6·	65·
开	轩	面	场	圃	把	酒	话	桑	麻
3	3	3	1·	32 0 0	6	56	7	60	65·
待	到	重	阳	日	还	来	就	菊	花

2. 仄起五律：商山早行

3	3	3	1·	302 0	6	56	7	6	65·
晨	起	动	征	铎	客	行	悲	故	乡
3	56	1	7	605 0	1·	2	7	6-	65--
鸡	声	茅	店	月	人	迹	板	桥	霜
3	3	3	1·	32 0	3	56	7	60	65--
槲	叶	落	山	路	枳	花	明	驿	墙
3	56	1	7	76 0	1	12	7	6-	65--
因	思	杜	陵	梦	凫	雁	满	回	塘

注：

（1）平起五律《过故人庄》所用吟诵短句序号为 1245、3245（高、中、高、中，低、中、高、中）。其中第二句 32 35 76· 65是12 70 6 65--旋律的一种变化套用使用情况。在介绍平起五律时，有专门提到。

（2）仄起五律《商山早行》所用吟诵短句序号为 4532、4532（高、中、低、中，高、中、低、中）。第六句3 56 7 6065--是6 56 7 6 65--的变化套用。在仄起五律时，也有专门提到。

谱例【6.1】

逢入京使

胡水欣学吟　程滨老师传调　胡水欣记谱整理

2	12	32	3	3	232	1·2 |
故	园	东	望	路	漫	漫
32	35	5	56	7	60	65· |
双	袖	龙	钟	泪	不	干
3	56	1	6165 3 0	63	506	10· |
马	上	相	逢	无	纸	笔
61	6·	1·	2	7	6 -	65- ‖
凭	君	传	语	报	平	安

谱例【6.2】

凉州词

胡水欣学吟　程滨老师传调　胡水欣记谱整理

谱例【6.3】

由程滨老师所传戴君仁先生的吟诵调中

平起五绝与平起七绝吟诵旋律的对比分析

1. 平起五绝：宿建德江

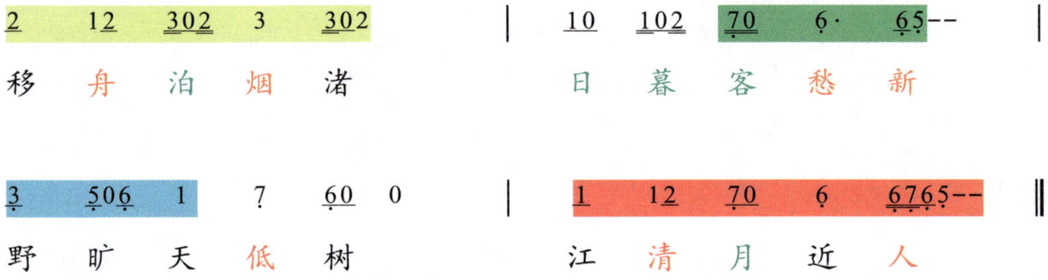

2. 平起七绝：逢入京使

注：在平起五绝与平起七绝的吟诵旋律中，分别用黄、绿、蓝、红四种颜色对两种体裁中存在相同旋律的部分进行同色标记，由此我们可以很直观地看出。

（1）除第三句外，其余的第一、二、四句的结尾音是完全相同的。虽然五绝和七绝的第三句的结尾音不同，但它们句头的旋律一样。

（2）在五绝的四句旋律中，除第三句的句尾外，其余三句的旋律全部运用到七绝当中。这充分说明七绝的吟诵旋律是在五绝吟诵旋律的基础上扩充发展而来的。

谱例【6.4】

凉州词

胡水欣学吟　陈少松老师传调　胡水欣记谱整理

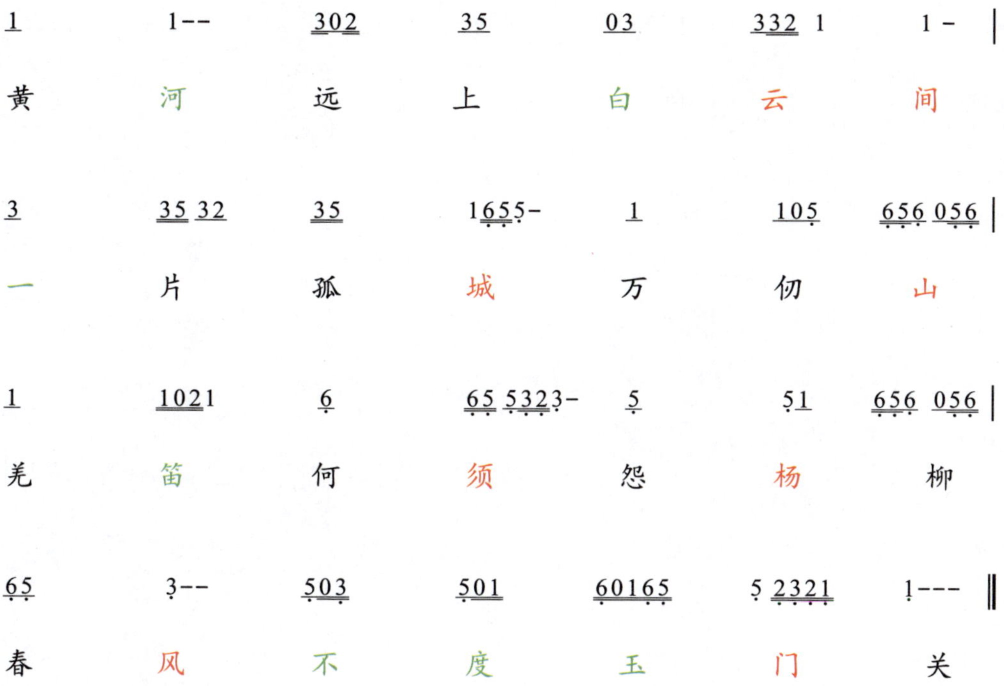

谱例【6.5】

早发白帝城

胡水欣学吟　陈少松老师传调　胡水欣记谱整理

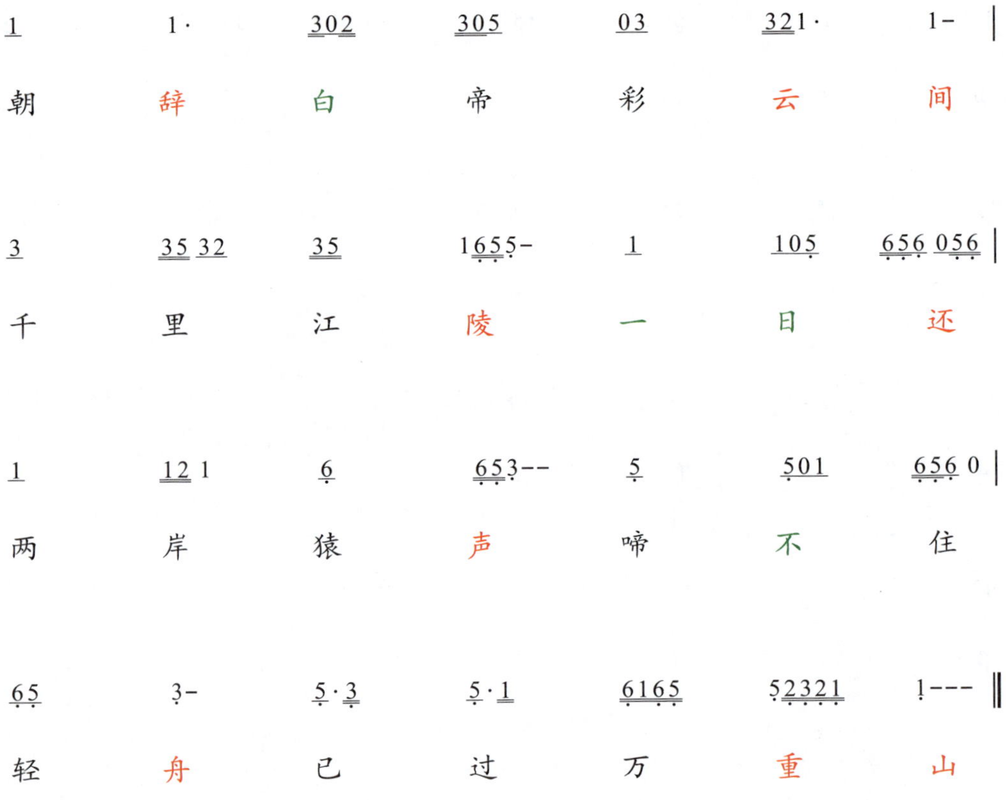

谱例【6.6】

由陈少松老师所传刘季高先生的吟诵调中

平起五绝与平起七绝吟诵旋律的对比分析

1. 平起五绝：鸟鸣涧

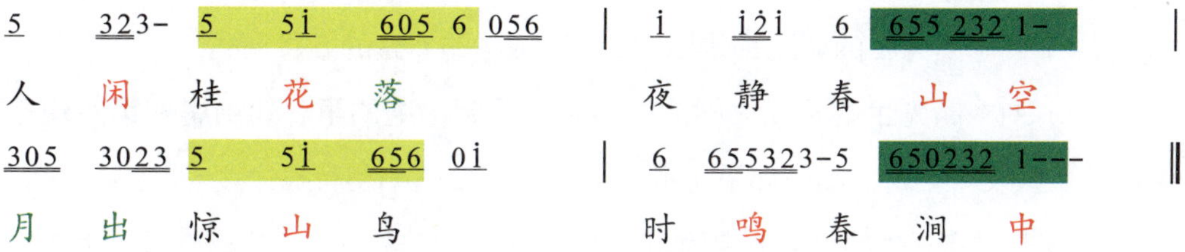

2. 平起七绝：凉州词

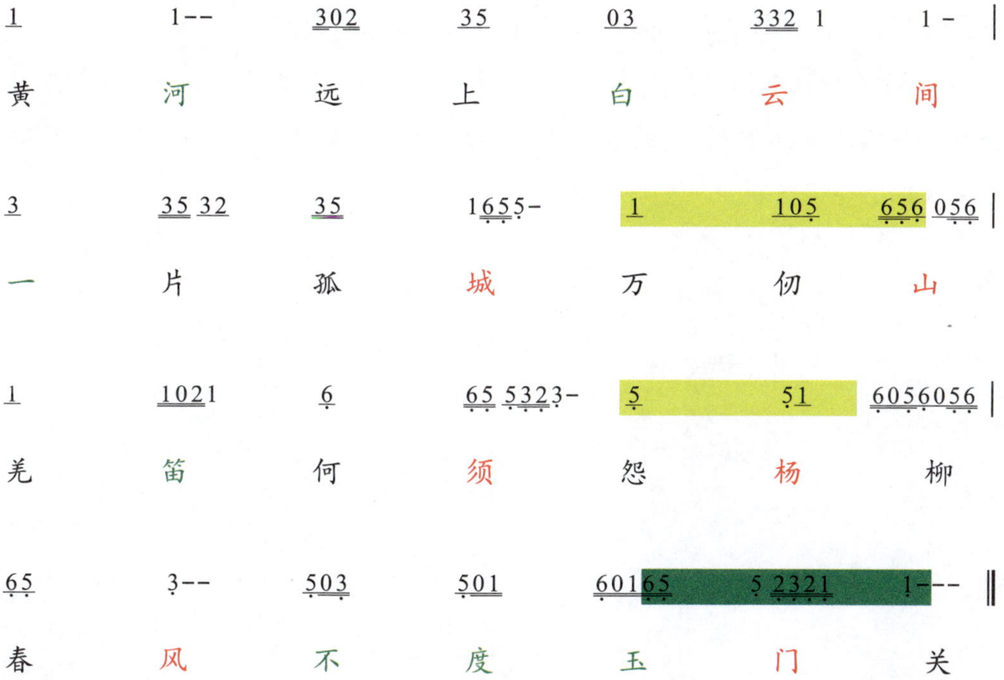

通过谱例【6.6】可以得出以下结论。

（1）刘季高先生的平起七绝吟诵调中，没有直接使用平起五绝的旋律，但也有相似的地方。

（2）刘季高先生的吟诵旋律爱用大切分的节奏型 5 51 和 656 构成小腔音，如谱例【6.6】中的黄色标记。

（3）刘季高先生的吟诵旋律爱用 655 232 1- 的旋律短句作为结尾，如谱例【6.6】中的绿色标记。

（4）刘季高先生的调式都是以“1”音结尾的 c 宫的五声调式。

（5）刘季高先生的乐句之间的衔接除了平起七绝的第三句结尾和第四句开头用了“鱼咬尾”式，其他都采用上三度和下三度的小跳音程过度。

（6）刘季高先生的吟诵调中使用“断续连”的地方很多，特别是在节点上或句末的仄声字上，如平起五绝中第一句的“落”字（605 6 056）、第三句的“出”（3023）、“鸟”（656 01）、第四句的“涧”（650232），以及平起七绝的第三句中的末尾字“柳”（6056 056）等，且这些旋律在节奏和音高方面非常相似。

（7）在比对曲谱时，要从调式、骨干音、主音、节奏等方面考虑，刘季高先生的吟诵调乍一看好像五绝与七绝之间没有太多的重复，可仔细分析后发现其中的关联之处相当多。

谱例【6.7】

清明

胡水欣学吟　陈少松老师传调　胡水欣记谱整理

32	1-	2	305	5	5 35	52· |
清	明	时	节	雨	纷	纷
2	35	53	2-	20	3·5 32	2321- |
路	上	行	人	欲	断	魂
61	23	676	5·6	1	161	2320 |
借	问	酒	家	何	处	有
302	1-	61	23	1	656·	61 5- ‖
牧	童	遥	指	杏	花	村

谱例【6.8】

游园不值

胡水欣学吟　陈少松老师传调　胡水欣记谱整理

32	1–	2	350	5	535	52· |
应	怜	屐	齿	印	苍	苔
2	3035	53	2·	20	305 32	2321– |
小	扣	柴	扉	久	不	开
61	203	676	5·6	1	1061	232 0 |
春	色	满	园	关	不	住
302	1–	61	23	10	656·	615– ‖
一	枝	红	杏	出	墙	来

谱例【6.9】

春宵

胡水欣学吟　徐健顺老师传调　胡水欣记谱整理

2	2·	3	5	5	353	2 - |
春	宵	一	刻	值	千	金
2·	3	2	166	10	2	1- |
花	有	清	香	月	有	阴
6·	1	3	3·	5	6	1 0 |
歌	管	楼	台	声	细	细
6	653-	5	601	01	616	5- ‖
秋	千	院	落	夜	沉	沉

谱例【6.10】

秋思

胡水欣学吟　徐健顺老师传调　胡水欣记谱整理

2	2·	3	5	5	353	2– |
洛	阳	城	里	见	秋	风
20	3	2	166	1·	2	1– |
欲	作	家	书	意	万	重
6 0	1	3	3·	5·	6	10 |
复	恐	匆	匆	说	不	尽
6	6553–	5	10	01	6166	65· ‖
行	人	临	发	又	开	封

谱例【7.1】

从军行·其四

胡水欣学吟　程滨老师传调　胡水欣记谱整理

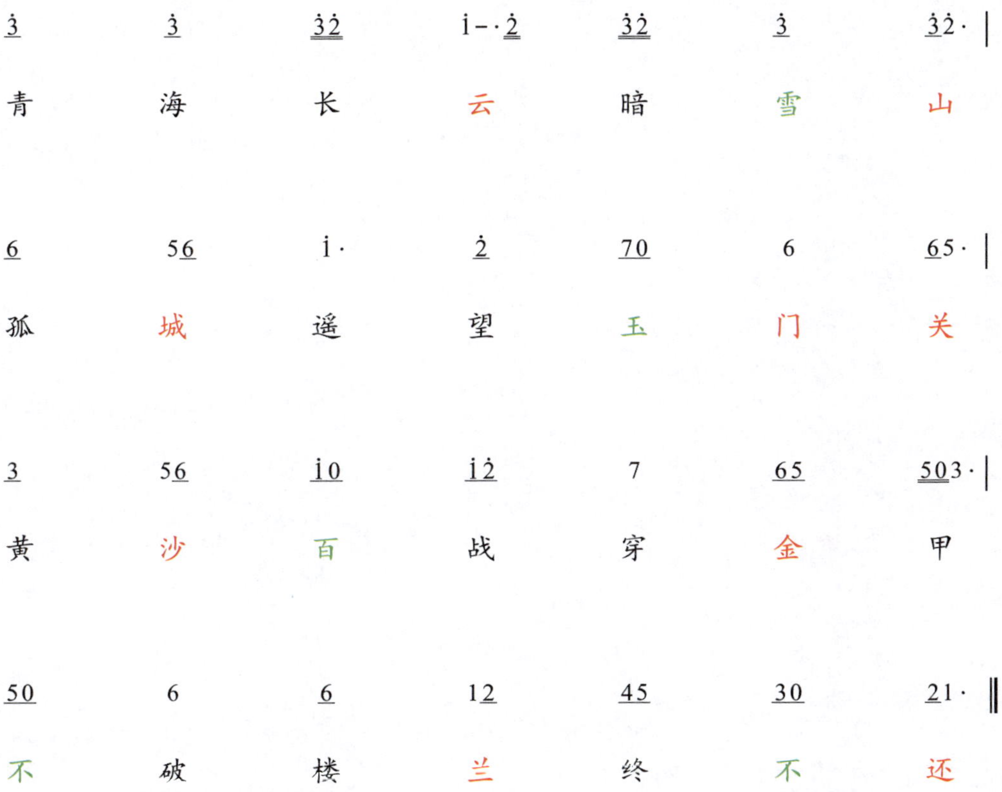

谱例【7.2】

回乡偶书·其一

胡水欣学吟　程滨老师传调　胡水欣记谱整理

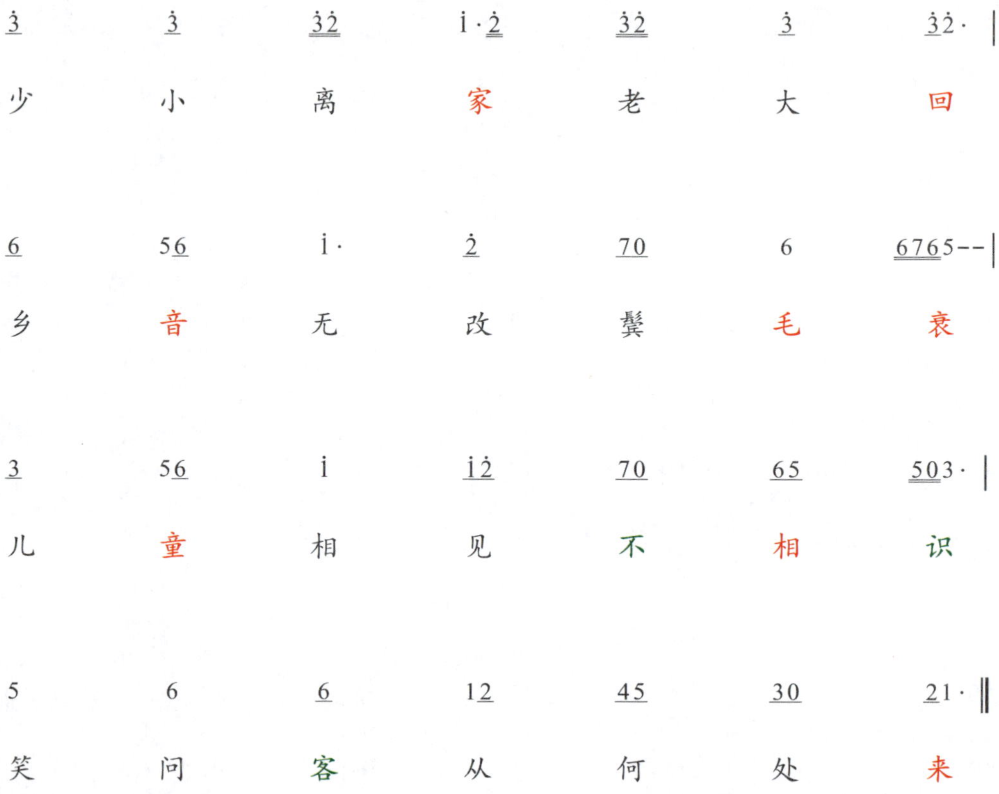

谱例【7.3】

由程滨老师所传戴君仁先生的吟诵调中

仄起五绝与仄起七绝吟诵旋律的对比分析

1. 仄起五绝：渡汉江

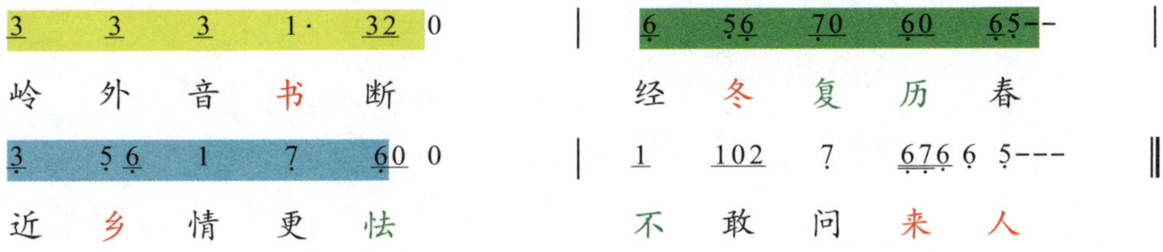

2. 仄起七绝：从军行·其四

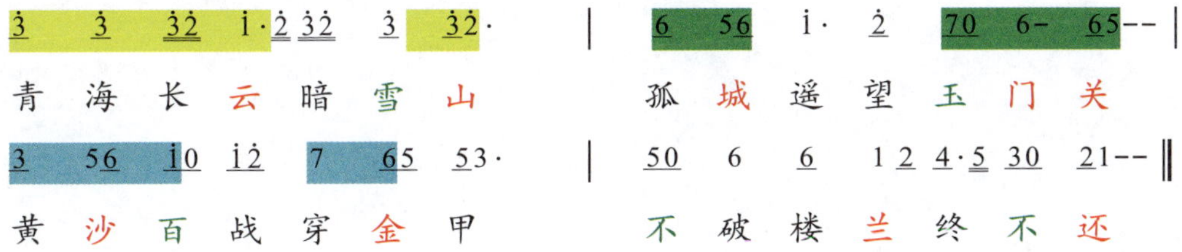

通过对应的相同色块可以看出：

（1）在五绝的四句旋律中，除第四句外，其余三句旋律在七绝当中都有运用。

（2）第一句和第二句的吟诵旋律在开始和结束都使用了完全相同的音“2”和“5”。

（3）两首绝句在第三句的开头处所使用的旋律也是一样的，都是由 356 三个音构成，而且整个旋律线都呈“拱形”发展，只是句尾的落音不同，一个是 3，一个是 6。

（4）通过这两首仄起的五言与七言，结合以前分析过的戴君仁先生平起七绝与平起五绝吟诵调的特点来看，由此进一步说明，七绝的吟诵旋律是在五绝吟诵旋律的基础上发展而来的。一般在第一、二句呈扩充发展，第三、四句呈变化发展。

谱例【7.4】

枫桥夜泊

胡水欣学吟　陈少松老师传调　胡水欣记谱整理

30	30	3	32217 1-	1	1	232·
月	落	乌	啼	霜	满	天
21	65·	6165	601	23	156	5-
江	枫	渔	火	对	愁	眠
61	556	1	1	023	15	656 056
姑	苏	城	外	寒	山	寺
1	12 10	6	655323-	5	650232	1--
夜	半	钟	声	到	客	船

谱例【7.5】

惠崇春江晚景·其一

胡水欣学吟　陈少松老师传调　胡水欣记谱整理

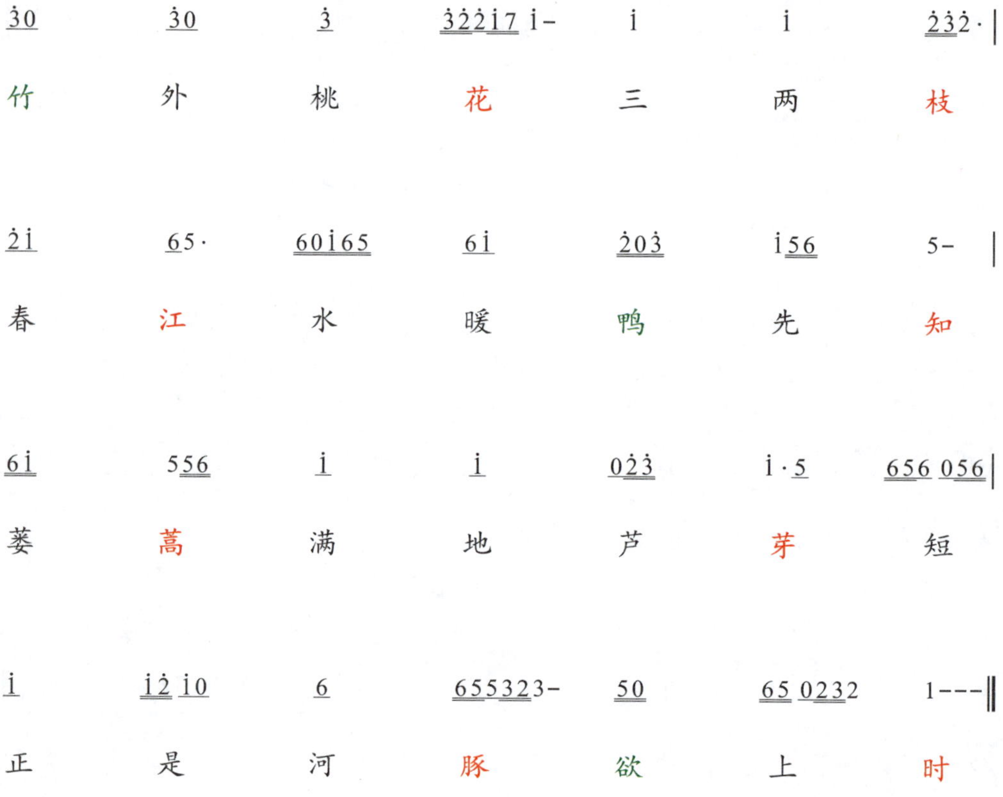

谱例【7.6】

由陈少松老师所传刘季高先生的吟诵调中

仄起五绝与仄起七绝吟诵旋律的对比分析

1. 仄起五绝：梅花

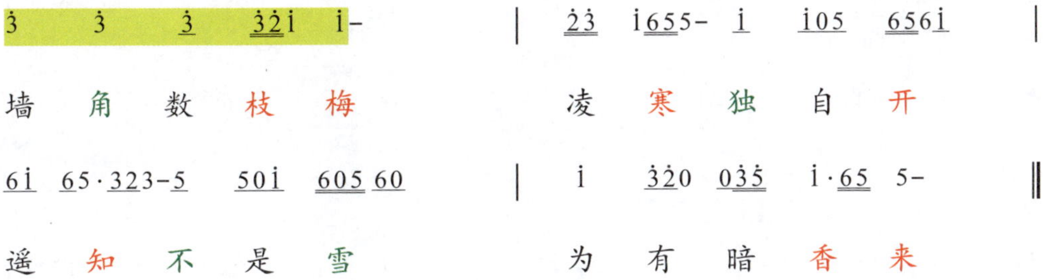

2. 仄起七绝：枫桥夜泊

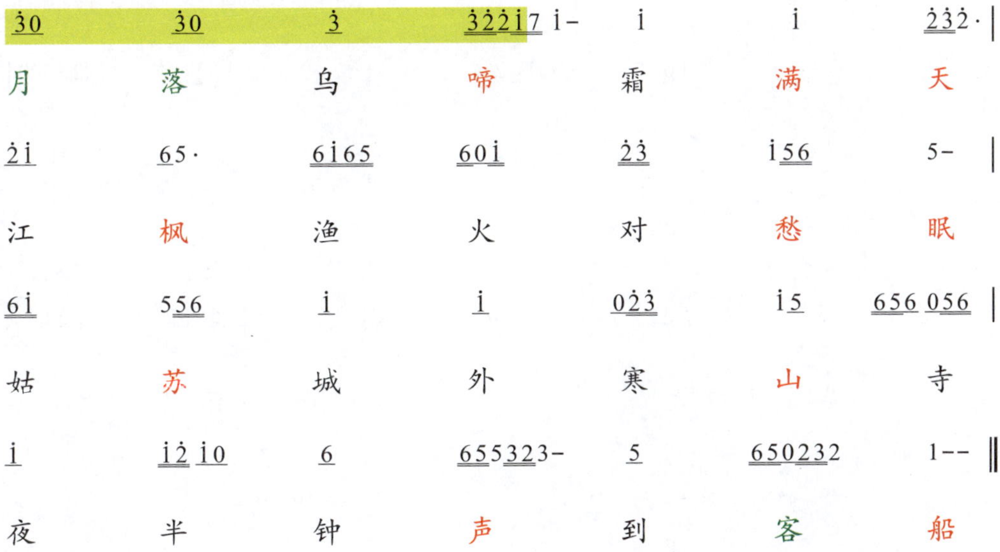

相同之处：七绝的首句旋律用了五绝的首句旋律，如黄色标注，每句旋律的起始音相同，都是以“3̇2̇6i̇”几个音作为每句旋律的开头。

谱例【7.7】

竹枝词

胡水欣学吟　陈少松老师传调　胡水欣记谱整理

2	35	32	1--	12	35	2-- |
杨	柳	青	青	江	水	平

32	1-	61	23	1	656·	615- |
闻	郎	江	上	踏	歌	声

61	5·6	10	102	1	161	232 0 |
东	边	日	出	西	边	雨

2	35	53	2· 0	20·	3·5 32	231· ‖
道	是	无	晴	却	有	晴

谱例【7.8】

示儿

胡水欣学吟 陈少松老师传调 胡水欣记谱整理

2	35	32	1-	12	35	2-- |
死	去	元	知	万	事	空
32	1-	601	23	1	656·	61 5- |
但	悲	不	见	九	州	同
61	5·6	10	23	1	161	202· |
王	师	北	定	中	原	日
2	35	53	2 0	20	305 320	2321 ‖
家	祭	无	忘	告	乃	翁

谱例【7.9】

由陈少松老师所传徐永端先生的吟诵调中

平起七绝和仄起七绝吟诵旋律的对比分析

1. 平起七绝：清明

32	1–	2	305	5	5 35	52· |
清	明	时	节	雨	纷	纷
2	35	53	2–	20	3·5 32	2321– |
路	上	行	人	欲	断	魂
61	23	676	5·6	1	161	2320 |
借	问	酒	家	何	处	有
302	1–	61	23	1	656·	61 5– ‖
牧	童	遥	指	杏	花	村

2. 仄起七绝：示儿

2	35	32	1-	12	35	2--
死	去	元	知	万	事	空
32	1-	601	23	1	656·	61 5-
但	悲	不	见	九	州	同
61	5·6	10	23	1	161	202·
王	师	北	定	中	原	日
2	35	53	2 0	20	305 320	2321
家	祭	无	忘	告	乃	翁

通过谱例【7.9】可以看出，由陈少松老师所传徐永端先生的七绝吟诵调中，平起七绝和仄起七绝的吟诵旋律是相互交织、融合而成的。具体体现在以下几点。

（1）平起七绝的第二句吟诵旋律用在了仄起七绝的第四句上，如谱例中红色的标记。

（2）平起七绝的第四句吟诵旋律用在了仄起七绝的第二句上，如谱例中黄色的标记。

（3）平起七绝第二、四句为“答句”，其句末的落音分别为“1”和“5”，这样就产生出两种不同的调式——c 宫调式和 g 徵调式。

（4）在“出句”的第一、三句中，也有很多相似之处，在第一句中以“3552”四个音作为结束音，如谱例中的蓝色标记。

（5）第三句中的末尾也以“1612”作为结尾，如谱例中的绿色标记。

（6）两首吟诵旋律都是以级进和小跳进行发展的，两种四度跳进“52”和“15”都出现在下一行的旋律线中，如平起七绝《清明》中的第一句和第四句的落尾，仄起七绝《示儿》的第一句和第四句的落尾都是以“52”和“15”结束的。

（7）两首吟诵旋律的第一句都包含由“321”三个音形成的下行小短句，如谱例中的灰色标识。由此可以从谱面上感受到徐永端先生的这两首吟诵旋律总体给人一种略带伤感的情绪基调。

谱例【7.10】

四时田园杂兴·其七

胡水欣学吟　徐健顺老师传调　胡水欣记谱整理

2·	2	3	5·	5	53	2–	|
昼	出	耘	田	夜	绩	麻	
2	23	2	16	01	22	1–	|
村	庄	儿	女	各	当	家	
6	61	3	3	05	66	10·	|
童	孙	未	解	供	耕	织	
6	6053	5	61	1	16	65·	‖
也	傍	桑	阴	学	种	瓜	

谱例【7.11】

山行

胡水欣学吟　徐健顺老师传调　胡水欣记谱整理

2	2	3	5·	50	53	2– |
远	上	寒	山	石	径	斜
2	23	2	16 0	1	2·	1– |
白	云	生	处	有	人	家
6	61	3	3 0	5	6·	61 0 |
停	车	坐	爱	枫	林	晚
6	6053	5	61	1	10 06	65· ‖
霜	叶	红	于	二	月	花

谱例【7.12】

由徐健顺老师所传刘衍文先生的吟诵调中

平起七绝与仄起七绝吟诵旋律的对比分析

1. 平起七绝：春宵

2	2·	3	5	5	353	2 - |	2·	3	2	166	10	2	1 - |
春	宵	一	刻	值	千	金	花	有	清	香	月	有	阴

6·	1	3	3·	5	6	1 0 |	6	653	5	601	1	616	5 - ‖
歌	管	楼	台	声	细	细	秋	千	院	落	夜	沉	沉

2. 仄起七绝：四时田园杂兴·其七

2·	2	3	5·	5	503	2 - |	2	23	2	160	10	2·	1 - |
昼	出	耘	田	夜	绩	麻	村	庄	儿	女	各	当	家

6	61	3	3	5	6·	10 0 |	6	6535	61	1	16	65· ‖	
童	孙	未	解	供	耕	织	也	傍	桑	阴	学	种	瓜

从以上两个谱例可以看出，在用黄、绿、蓝、红标注的四句诗中，虽然其平仄不同，但是其使用的吟诵旋律都是一样的，只是节奏有所调整而已。这又一次说明吟诵时节奏的长短至关重要，一定要严格做到“平长仄短，入声出口断”。

谱例【7.13】

清平调·其一

胡水欣学吟　徐健顺老师传调　胡水欣记谱整理

6·	5	1̇2̇7	6	1̇3̇	2̇3̇1̇	1̇2̇1̇6- |
云	想	衣	裳	花	想	容
6·5	1̇-	1̇3̇	2̇1̇	6	1̇5645	53· |
春	风	拂	槛	露	华	浓
3	56	1̇3̇	2̇03̇2̇1̇	61̇	56535	6 |
若	非	群	玉	山	头	见
3	3	1̇3̇ 2̇3̇2̇1̇	1̇2̇1̇65635 1̇6·	1	32321	1216̣· ‖
会	向	瑶	台	月	下	逢

谱例【7.14】

题临安邸

胡水欣学吟　徐健顺老师传调　胡水欣记谱整理

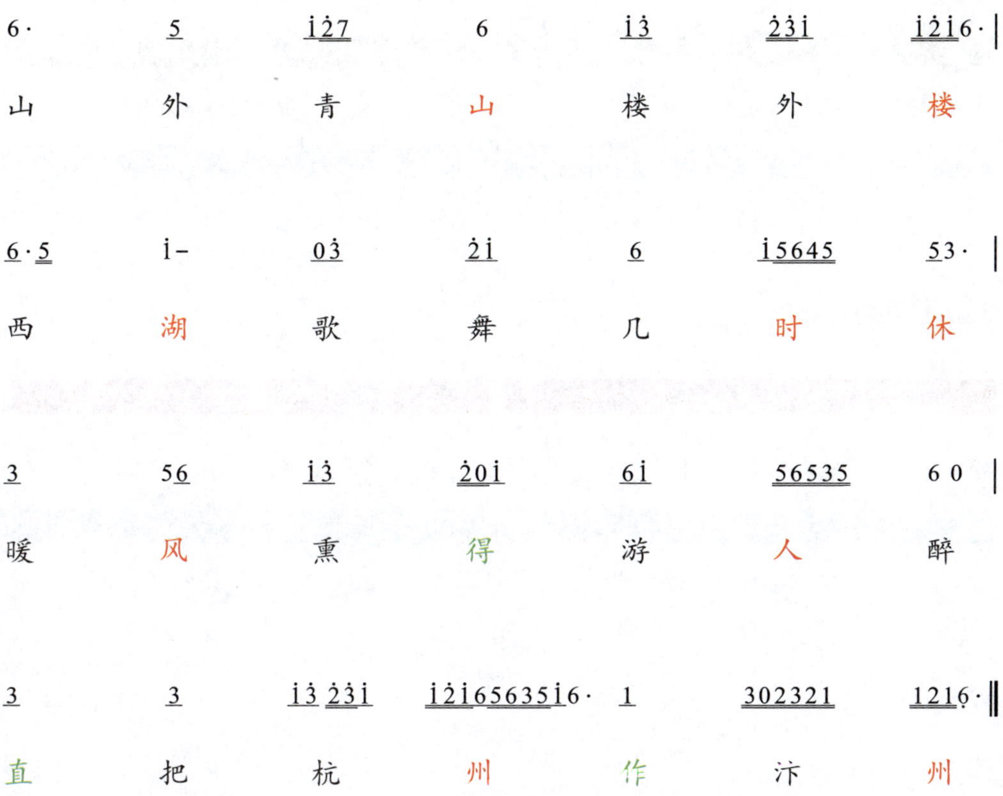

谱例【8.1】

由程滨老师所传戴君仁先生的吟诵调中平起五律

与五绝吟诵旋律的对比分析

1. 平起五绝：池上

2 12 32 3 32· | 1 12 70 6· 65· |

小 娃 撑 小 艇　偷 采 白 莲 回

3 56 1 7 60 0 | 1 12 70 6 676 5- ‖

不 解 藏 踪 迹　浮 萍 一 道 开

2. 仄起五绝：渡汉江

3 3 3 1· 32 0 | 6 56 70 60 6· |

岭 外 音 书 断　经 冬 复 历 春

3 56 1 7 60 0 | 1 102 7 6676 5--- ‖

近 乡 情 更 怯　不 敢 问 来 人

3. 平起五律：寻陆鸿渐不遇

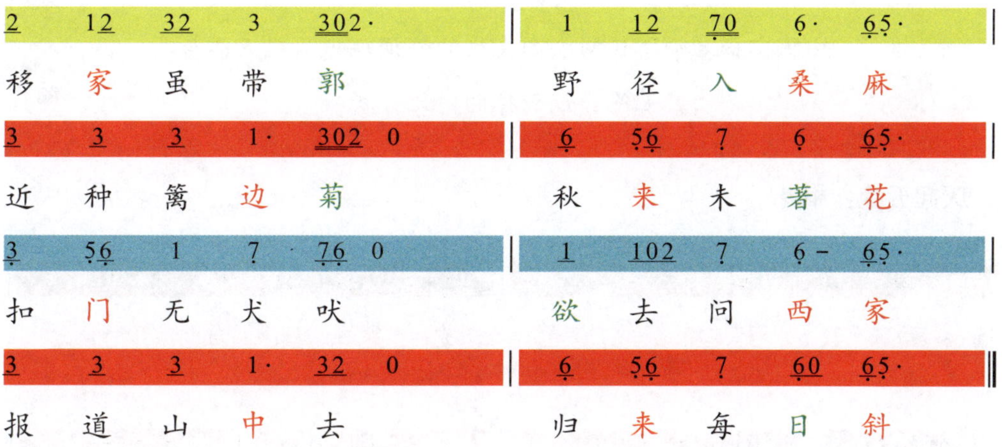

注：黄色标记为平起五绝旋律，红色为仄起五绝旋律，蓝色为平起五绝与仄起五绝共用旋律。

谱例【8.2】

由陈少松老师所传刘季高先生的吟诵调中仄起五律与五绝吟诵旋律的对比分析

1. 仄起五绝：梅花

3 30 3 321 1--- | 023 1·655 10 15 65601 |

墙 角 数 枝 梅 凌 寒 独 自 开

61 655323-5 501 6055 0 | 1 32 035 1·655 5--- ||

遥 知 不 是 雪 为 有 暗 香 来

2. 平起五绝：鸟鸣涧

5 323 5 51 6056- 56 | 1 121 6 655232 1--- |

人 闲 桂 花 落 夜 静 春 山 空

35 3023 5 51 656 01 | 6 655323- 5 6502322 1--- ||

月 出 惊 山 鸟 时 鸣 春 涧 中

3. 仄起五律：春夜喜雨

3̇ 3̇ 3̇ 3̇2̇i̇ i̇0 | 02̇3̇ i̇655- i̇ i̇05 65 6 i̇ |

好 雨 知 时 节 当 春 乃 发 生

6i̇ 655323- 5 50i̇ 656· | i̇ 3̇02̇ 03̇5̇ i̇655 5- |

随 风 潜 入 夜 润 物 细 无 声

6 6 056 i̇ i̇5 60560i̇ | 6 655323 5 6050232 1--- |

野 径 云 俱 黑 江 船 火 独 明

35 323 5 5 0i̇ 656 0 | i̇ 3̇2̇0 03̇5̇ i̇·655 5--- ‖

晓 看 红 湿 处 花 重 锦 官 城

注意：

（1）红色标注的为仄起五绝的吟诵旋律短句，黄色标注的为平起五绝的吟诵旋律短句，蓝色标注的为平起五绝和仄起五绝吟诵旋律中都未出现过的旋律短句。从上面的谱例中可以看出，刘季高先生吟诵调的仄起五律的吟诵旋律基本上也是由仄起五绝和平起五绝吟诵旋律共同组合而成的。这一点和戴君仁先生五律吟诵旋律构成的形式大致相同。

（2）在仄起五律《春夜喜雨》中，第五句出现了平起五绝和仄起五绝吟诵旋律中都未出现的新旋律素材6 6 056 i̇ i̇5 60560i̇，其实这个旋律短句和《春夜喜雨》中的第七句35 323 5 5 0i̇ 656 0中的结尾是相同的，都是以“656”三个主干音构成，只是一个以“6 6 056”开头，一个以“35 323”开头而已。这种情况在音乐创作当中会将其纳入“变化重复”的范围。

谱例【8.3】

由程滨老师所传戴君仁先生的吟诵调中

平起五绝与仄起五绝吟诵旋律的对比分析②

1. 平起五绝：池上

2 12 32 3 32· | 1 12 70 6· 6 5· |

小 娃 撑 小 艇　偷 采 白 莲 回

3 56 1 7 60 0 | 1 12 70 6 676 5- ‖

不 解 藏 踪 迹　浮 萍 一 道 开

2. 仄起五绝：渡汉江

3 3 3 1· 32 0 | 6 56 70 60 6· |

岭 外 音 书 断　经 冬 复 历 春

3 5 6 1 7 60 0 | 1 102 7 667 6 5--- ‖

近 乡 情 更 怯　不 敢 问 来 人

注：黄色标注的是平起五绝独有的旋律，蓝色标注的是平起五绝和仄起五绝共有的旋律，红色标注的是仄起五绝独有的旋律。由此可以看出以下几个问题。

（1）平起五绝《池上》的第二句和第四句所使用的吟诵旋律是相同的，即 1 12 70 6· 6 5· 与 1 12 70 6 676 5- 的旋律音是完全相同的，只是个别的节奏有少许出入而已。

（2）平起五绝《池上》的第三、四句的平仄关系是“仄平、平仄”，而仄起五绝《渡汉江》的第三、四句的平仄关系是“平仄、仄平”，其平仄关系相反，可使用的吟诵旋律却完全相同：3 5 6 1 7 60 0 | 1 102 7 667 6 5---。

谱例【8.4】

由程滨老师所传戴君仁先生的吟诵调中

五个高、中、低主要吟诵短句在五言律诗中的运用分析

01： 2 1 2 32 3 32· （平起高调短句）

02： 1 12 70 6 65-- （平仄通用中调短句）

03： 3 56 1 7 6 0 （平仄通用低调短句）

04： 3 3 3 1· 320 （仄起高调短句）

05： 6 56 7 6 65--· （仄起中调短句）

1. 平起五律：过故人庄

2 12 32 3 32· | 32 35 7 6· 65 | 3 3 3 1· 302 | 6 56 70 6 65 |

故人具鸡黍 邀我至田家 绿树村边合 青山郭外斜

3 56 1 7 76 | 1 12 7 6 - 65 | 3 3 3 1· 32 | 6 56 7 60 65 ‖

开轩面场圃 把酒话桑麻 待到重阳日 还来就菊花

2. 仄起五律：商山早行

3 3 3 1· 302 | 60 56 7 6 65 | 3 56 1 7 706 | 1· 2 7 6· 65 |

晨起动征铎 客行悲故乡 鸡声茅店月 人迹板桥霜

3 3 3 1· 32 | 3 56 7 60 65 | 3 56 1 7· 76 | 1 12 7 6· 65 ‖

槲叶落山路 枳花明驿墙 因思杜陵梦 凫雁满回塘

谱例【8.5】

新城道中·其一

胡水欣学吟　陈少松老师传调　胡水欣记谱整理

32 1- 2 35 50 535 52· | 2 35 53 2· 20· 30532 2321- |

东 风 知 我 欲 山 行　吹 断 檐 间 积 雨 声

61 23 676 5·6 1 161 2320 | 302 1- 61 203 1 656· 61 5- |

岭 上 晴 云 披 絮 帽　树 头 初 日 挂 铜 钲

61 5·6 10 23 1 161 203 2· | 2 35 53 2- 2 30532 2321-- |

野 桃 含 笑 竹 篱 短　溪 柳 自 摇 沙 水 清

61 23 676 5·6 1 161 20320 | 302 1- 61 203 1 656· 61 5- ‖

西 崦 人 家 应 最 乐　煮 芹 烧 笋 饷 春 耕

谱例【8.6】

游山西村

胡水欣学吟　陈少松老师传调　胡水欣记谱整理

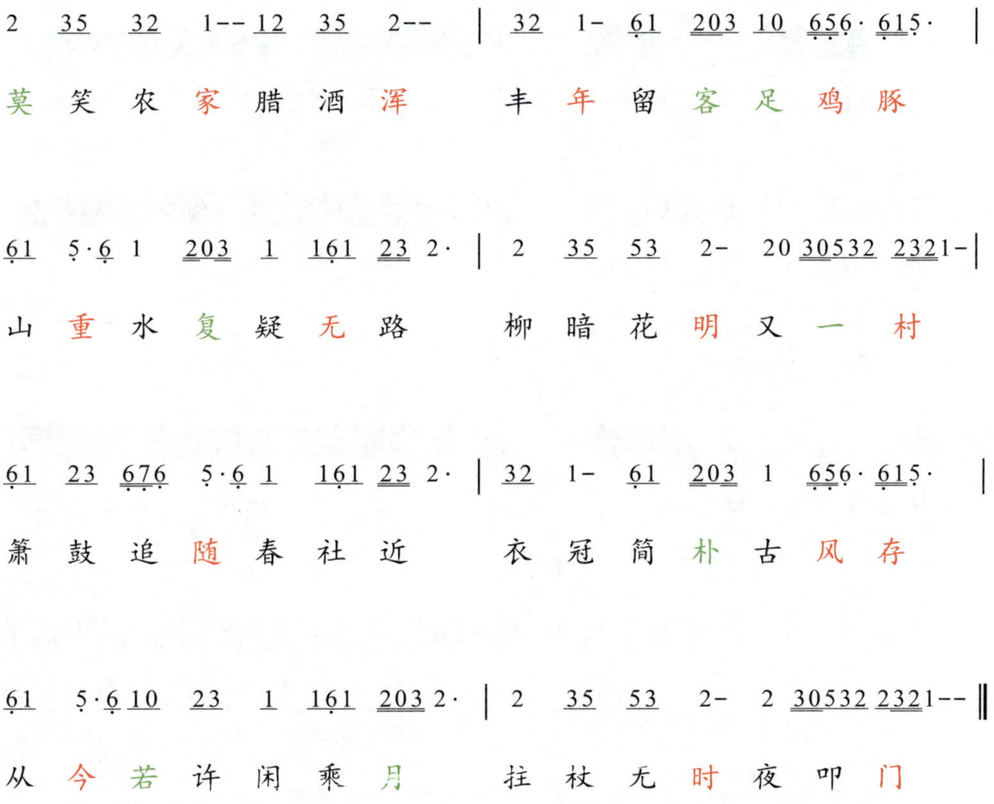

谱例【8.7】

由陈少松老师所传徐永端先生的吟诵调中

平起七绝与仄起七绝的旋律分析

1. 平起七绝：清明

32 1− 2 305 5 5 35 52−− | 2 35 53 2− 200 3·5 32 2321 |

清 明 时 节 雨 纷 纷 路 上 行 人 欲 断 魂

61 23 676 5·6 1 161 232 0 | 302 1− 61 23 1 656−− 615−−− ‖

借 问 酒 家 何 处 有 牧 童 遥 指 杏 花 村

2. 仄起七绝：竹枝词

2 35 32 1−− 12 35 2−− | 32 1− 61 23 1 656 − 615− − |

杨 柳 青 青 江 水 平 闻 郎 江 上 踏 歌 声

61 5·6 10 102 1 161 232 0 | 2 35 53 2− 20· 3·5 32 231−− ‖

东 边 日 出 西 边 雨 道 是 无 晴 却 有 晴

注：从平起七绝和仄起七绝的吟诵旋律中可以看到第二、四句，也就是称为“答句”的旋律是完全相同的，只是位置互换了。而第一、三句“出句”的旋律虽然不是完全相同，但其主干音和落音也都是一样的。可见，在徐永端先生的七绝传统吟诵调中，平起和仄起的吟诵旋律是相互交织、相互融合的。

谱例【8.8】

由陈少松老师所传徐永端先生的吟诵调中

平起七律与七绝吟诵旋律的对比分析

1. 平起七绝：清明

32 1- 2 305 5 5 35 52-- | 2 35 53 2- 200 3·5 32 2321 |

清 明 时 节 雨 纷 纷 路 上 行 人 欲 断 魂

61 23 676 5·6 1 161 232 0 | 302 1- 61 23 1 656-- 615--- ‖

借 问 酒 家 何 处 有 牧 童 遥 指 杏 花 村

2. 仄起七绝：竹枝词

2 35 32 1-- 12 35 2-- | 32 1- 61 23 1 656 - 615- - |

杨 柳 青 青 江 水 平 闻 郎 江 上 踏 歌 声

61 5·6 10 102 1 161 232 0 | 2 35 53 2- 20· 3·5 32 231-- ‖

东 边 日 出 西 边 雨 道 是 无 晴 却 有 晴

注：黄色标记为平起七绝的旋律，红色标记为仄起七绝的旋律，蓝色标记为平起七绝、仄起七绝共用的旋律。

3. 平起七律：新城道中·其一

32 1- 2 35 50 535 52· | 2 35 53 2· 20· 30532 2321- |

东 风 知 我 欲 山 行 吹 断 檐 间 积 雨 声

61 23 676 5·6 1 161 2320 | 302 1- 61 203 1 656· 61 5- |

岭 上 晴 云 披 絮 帽 树 头 初 日 挂 铜 钲

61 5·6 10 23 1 161 203 2· | 2 35 53 2- 2 30532 2321-- |

野 桃 含 笑 竹 篱 短 溪 柳 自 摇 沙 水 清

61 23 676 5·6 1 161 20320 | 302 1- 61 203 1 656· 61 5- ‖

西 崦 人 家 应 最 乐 煮 芹 烧 笋 饷 春 耕

通过谱例【8.8】中的色块标识可以得出以下结论。

（1）在平起七律《新城道中·其一》中，出现的所有吟诵旋律都来自平起七绝和仄起七绝。

（2）因为是平起七律，所以在整首诗的首联和颔联当中，完全照搬了平起七绝的吟诵旋律。在第五句中才使用了仄起七绝的吟诵旋律。

（3）陈少松老师传调的平起七绝和仄起七绝的吟诵旋律虽然相互之间有交融，其出句以“2”音结尾，第二句的答句和第四句的答句虽然旋律相同，但摆放的位置还是有讲究的。所有以“1”音结尾的答句，其平仄关系都是“仄平仄”，如 2 35 53 2- 200 3·5 32 2321（路上行人欲断魂、道是无晴却有晴、吹断檐间积雨声、溪柳自摇沙水清）等。而以“5”音结尾的答句，其平仄关系都是“平仄平”，如 302 1- 61 203 1 656·615-（树头初日挂铜钲、煮芹烧笋饷春耕、牧童遥指杏花村、闻郎江上踏歌声）等。

谱例【8.9】

由陈少松老师所传徐永端先生的吟诵调中

仄起七律与七绝吟诵旋律的对比分析

1. 仄起七绝：竹枝词

2 35 32 1-- 12 35 2-- | 32 1- 61 23 1 656 - 615- - |

杨 柳 青 青 江 水 平 闻 郎 江 上 踏 歌 声

61 5·6 10 102 1 161 232 0 | 2 35 53 2- 20· 3·5 32 231-- ‖

东 边 日 出 西 边 雨 道 是 无 晴 却 有 晴

2. 平起七绝：清明

32 1- 2 305 5 5 35 52-- | 2 35 53 2- 200 3·5 32 2321 |

清 明 时 节 雨 纷 纷 路 上 行 人 欲 断 魂

61 23 676 5·6 1 161 232 0 | 302 1- 61 23 1 656-- 615--- ‖

借 问 酒 家 何 处 有 牧 童 遥 指 杏 花 村

注：黄色标记为平起七绝的旋律，红色标记为仄起七绝的旋律，蓝色标记为平起七绝、仄起七绝共用的旋律 。

3. 仄起七律：游山西村

2 35 32 1-- 12 35 2--	32 1- 61 203 10 656· 615·
莫 笑 农 家 腊 酒 浑	丰 年 留 客 足 鸡 豚
61 5·6 1 203 1 161 23 2·	2 35 53 2- 20 30532 2321-
山 重 水 复 疑 无 路	柳 暗 花 明 又 一 村
61 23 676 5·6 1 161 23 2·	32 1- 61 203 1 656· 615·
箫 鼓 追 随 春 社 近	衣 冠 简 朴 古 风 存
61 5·6 10 23 1 161 203 2·	2 35 53 2- 2 30532 2321--
从 今 若 许 闲 乘 月	拄 杖 无 时 夜 叩 门

通过谱例【8.9】中的色块标识可以得出以下结论。

（1）在仄起七律《游山西村》中，出现的所有吟诵旋律都来自平起七绝和仄起七绝。

（2）因为是仄起七律，所以在整首诗的首联和颔联当中，完全照搬了仄起七绝的吟诵旋律。第五句才使用了平起七绝的吟诵旋律素材。

（3）陈少松老师所传徐永端先生的平起七绝和仄起七绝的吟诵旋律虽然相互之间有交融，其出句以“2”音结尾，第二句的答句和第四句的答句虽然旋律相同，但摆放的位置还是有讲究的。所有以“1”音结尾的答句，其平仄关系都是“仄平仄”，如 2 35 53 2- 200 3·5 32 2321（路上行人欲断魂、道是无晴却有晴、柳暗花明又一 村、拄杖无时夜叩门）等。而以“5”音结尾的答句，其平仄关系都是“平仄平”，如 32 1- 61 203 1 656· 615·（牧童遥指杏花村、闻郎江上踏歌声、丰年留客足鸡豚、衣冠简朴古风存）等。

谱例【8.10】

钱塘湖春行

胡水欣学吟 陈少松老师传调 胡水欣记谱整理

1	1--	302	305	03	3321	1 - |
孤	山	寺	北	贾	亭	西
3	35 32	35	1655-	1	105	656 056 |
水	面	初	平	云	脚	低
1	1021	6	65 5323-	5	51	65 60 |
几	处	早	莺	争	暖	树
65	3--	503	501	60165	5 2321	1---|
谁	家	新	燕	啄	春	泥
5	56	1	1	023	1·5	656 056 |
乱	花	渐	欲	迷	人	眼
1	1021	6	65 5323-	50	65 0232	1- |
浅	草	才	能	没	马	蹄
5	501	6	65323-	5	501	6056 |
最	爱	湖	东	行	不	足
65	3--	503	501	60165	5 2321	1---‖
绿	杨	阴	里	白	沙	堤

谱例【8.11】

由陈少松老师所传刘季高先生的吟诵调中

平起七律与七绝吟诵旋律的对比分析

1. 平起七绝：凉州词

1 1-- 302 35 03 3321 1 - | 3 35 32 35 1655- 1 105 656 056 |

黄 河 远 上 白 云 间 一 片 孤 城 万 仞 山

1 1021 6 65 5323- 5 51 656 056 | 65 3-- 503 501 60165 52321 1-- ‖

羌 笛 何 须 怨 杨 柳 春 风 不 度 玉 门 关

2. 仄起七绝：枫桥夜泊

30 30 3 32217 1-1 1 232· | 21 65·6165 601 23 156 5- |

月 落 乌 啼 霜 满 天 江 枫 渔 火 对 愁 眠

61 556 1 1 023 15 656 056 | 1 12 10 6 655323- 5 650232 1-- ‖

姑 苏 城 外 寒 山 寺 夜 半 钟 声 到 客 船

注：黄色标记为平起七绝的旋律，蓝色标记为仄起七绝的旋律，红色标记为新出现的素材。

3. 平起七律：钱塘湖春行

从谱例【8.11】中可以看出，由陈少松老师所传刘季高先生平起七律的吟诵旋律，也是来自其平起七绝与仄起七绝中的吟诵旋律，只是在第五句和第七句的开始处出现了新的旋律素材，如红色标记。在陈少松老师的著作《古诗词文吟诵研究》（第三版，中华书局，2017年6月）中，音频资料的第15首《酬乐天扬州初逢席上见赠》也是用了相同的旋律，这说明红色标记的新素材是陈少松老师传承下来的，而非即兴发挥。这两句都是以“5”音开头，与其上句的落音“1”呈上五度关系，这在笔者所整理的传统吟诵调中还是不多见的一种乐句衔接样式。

谱例【8.12】

无题

胡水欣学吟　陈少松老师传调　胡水欣记谱整理

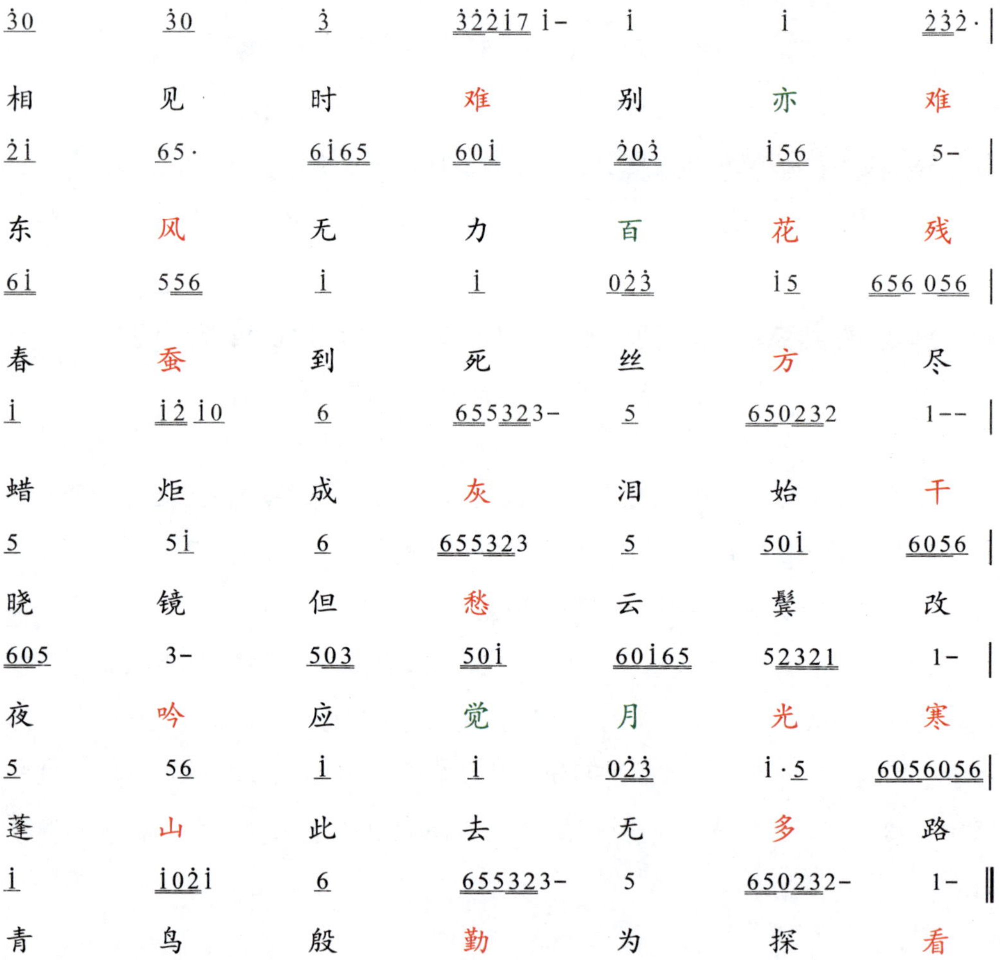

谱例【8.13】

由陈少松老师所传刘季高先生的吟诵调中

仄起七律与七绝吟诵旋律的对比分析

1. 仄起七绝：枫桥夜泊

30 30 3 322171-1 1 232· | 21 65·6165 601 23 156 5- |

月 落 乌 啼 霜 满 天 江 枫 渔 火 对 愁 眠

61 556 1 1 023 15 656 056 | 1 12 10 6 655323- 5 650232 1-- ‖

姑 苏 城 外 寒 山 寺 夜 半 钟 声 到 客 船

2. 平起七绝：凉州词

1 1-- 302 35 03 3321 1 - | 3 35 32 35 1655- 1 105 656 056 |

黄 河 远 上 白 云 间 一 片 孤 城 万 仞 山

1 1021 6 65 5323- 5 51 656 056 | 65 3-- 503 501 60165 52321 1-- ‖

羌 笛 何 须 怨 杨 柳 春 风 不 度 玉 门 关

注：黄色标记为平起七绝的旋律，蓝色标记为仄起七绝的旋律，红色标记为新出现的素材。

3. 仄起七律：无题

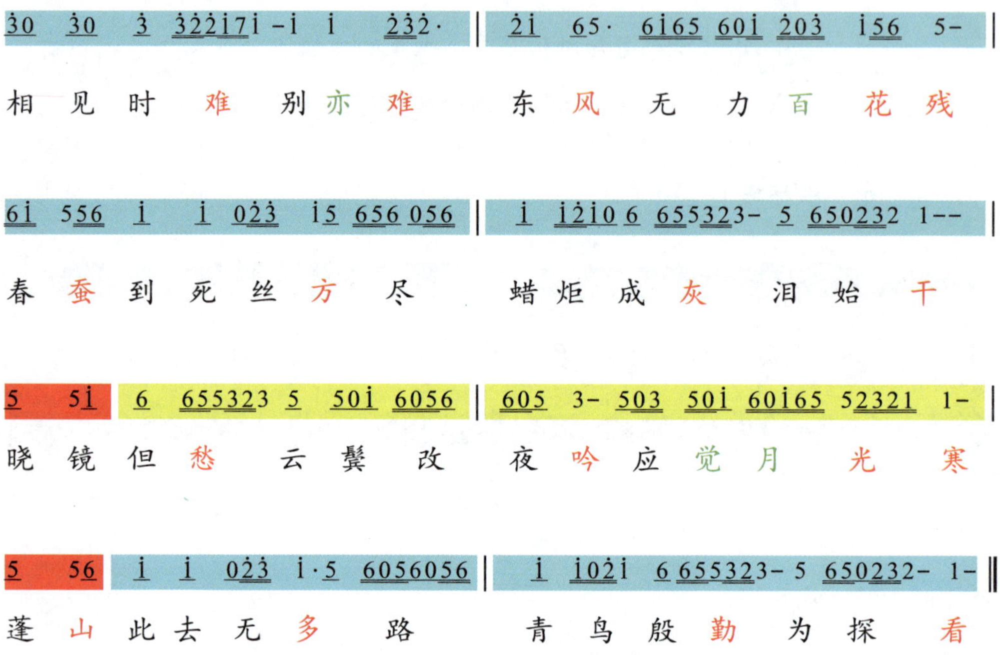

从谱例【8.13】中可以看出，由陈少松老师所传刘季高先生仄起七律的吟诵旋律，也是来自其平起七绝与仄起七绝中的吟诵旋律，只是在第五句和第七句的开始处出现了新的旋律素材，如红色标记。在陈少松老师的著作《古诗词文吟诵研究》（第三版，中华书局，2017 年 6 月）中，音频资料的第 19 首《闻官军收河南河北》也是用了相同的旋律，这说明红色标记的新素材是陈少松老师传承下来的，而非即兴发挥。这两句都是以“5”音开头，与其上句的落音“1”呈上五度关系，同平起七律的旋律构成是一样的。

谱例【9.1】

渡荆门送别

胡水欣套调吟诵 程滨老师传调 胡水欣记谱整理

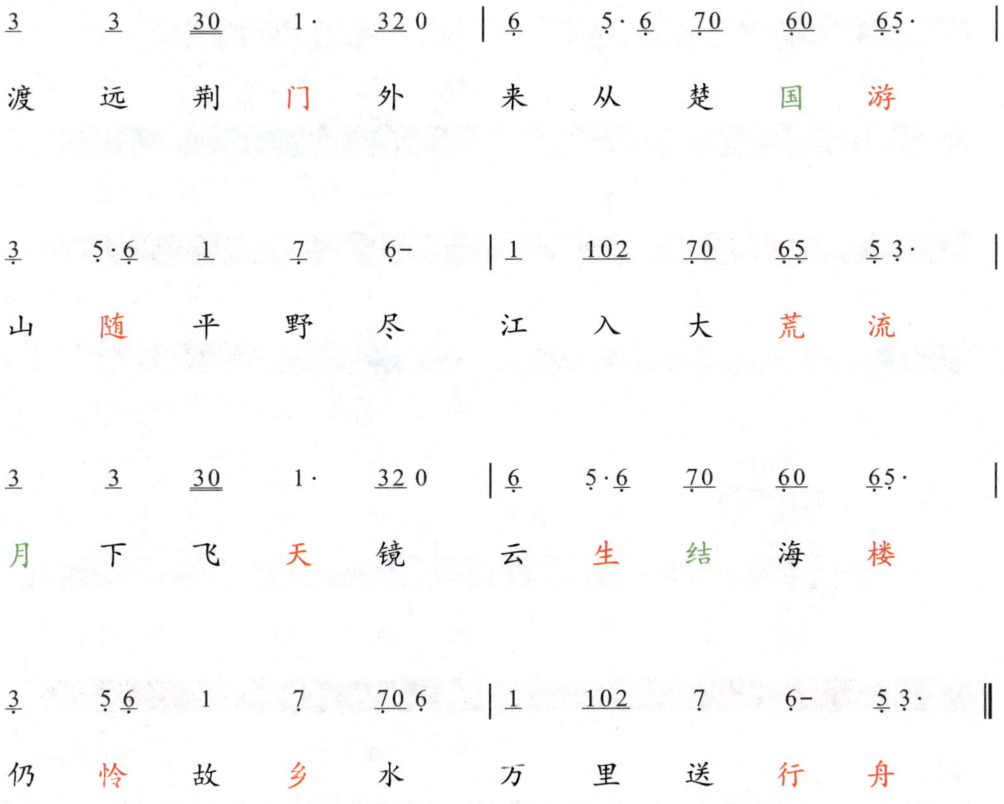

谱例【9.2】

由程滨老师所传戴君仁先生的吟诵调中

平起五律与仄起五律吟诵旋律的结构对比分析

1. 平起五律：寻陆鸿渐不遇

2	12	32	3	32·	1	12	70	6	65·
移	家	虽	带	郭	野	径	入	桑	麻
3	3	3	1·	302 0	6	56	7	6	65·
近	种	篱	边	菊	秋	来	未	著	花
3	56	1	7	760	10	12	7	6	65·
扣	门	无	犬	吠	欲	去	问	西	家
3	3	3	1·	32 0	6	56	7	60	65·
报	道	山	中	去	归	来	每	日	斜

2. 仄起五律：旅夜书怀

3	3	3	1·	32 0	6	56	70	6	65·
细	草	微	风	岸	危	樯	独	夜	舟
3	56	1	7	76 0	1	102	7	6 -	65--
星	垂	平	野	阔	月	涌	大	江	流
3	3	3	1·	320	6	56	7	6	65·
名	岂	文	章	著	官	应	老	病	休
3	56	1	7	76 0	1·	2	7	6·	65--
飘	飘	何	所	似	天	地	一	沙	鸥

注：谱例中，平起五绝的旋律用黄色标记，仄起五绝的旋律用蓝色标记，平起五绝与仄起五绝的共用旋律用红色标记。

谱例【9.3】

望洞庭湖赠张丞相

胡水欣套调吟诵　陈少松老师传调　胡水欣记谱整理

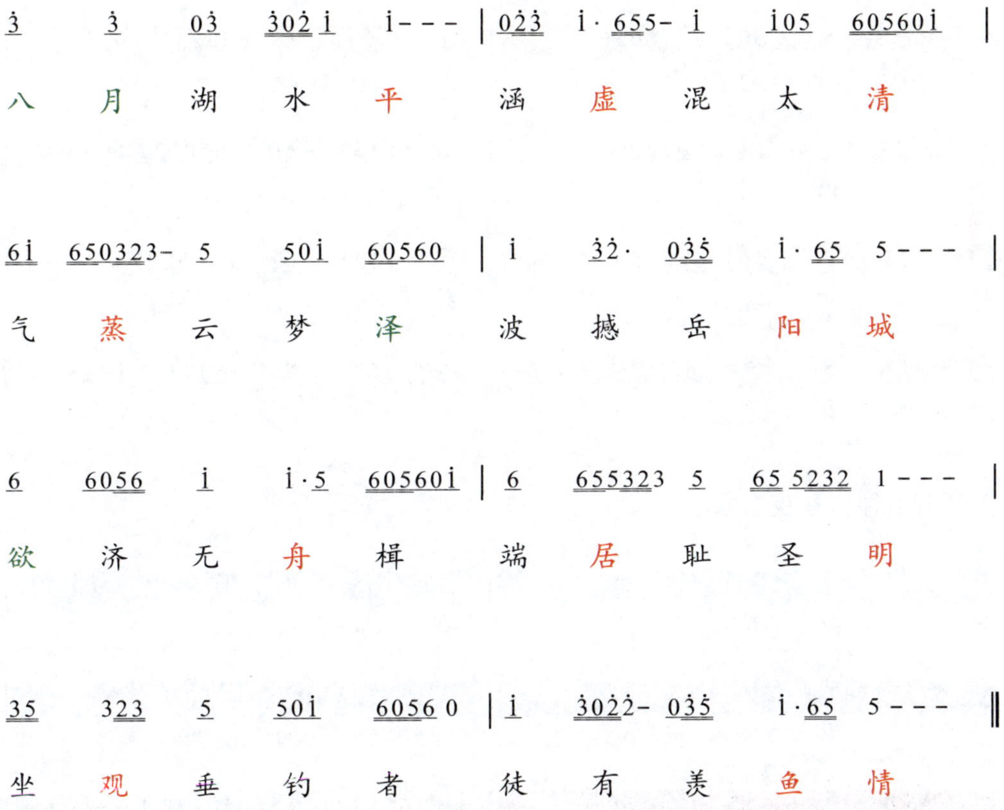

谱例【9.4】

由陈少松老师所传刘季高先生的吟诵调中

平起五律与仄起五律的旋律结构分析

1. 平起五律：山居秋暝

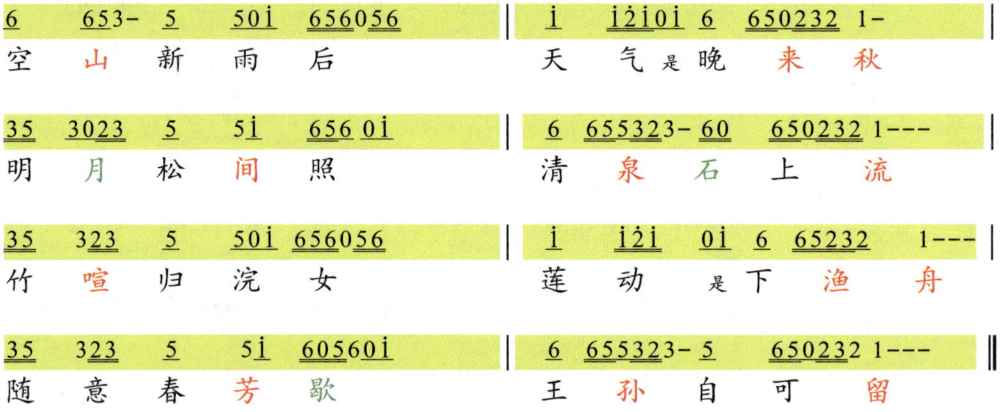

2. 仄起五律：春夜喜雨

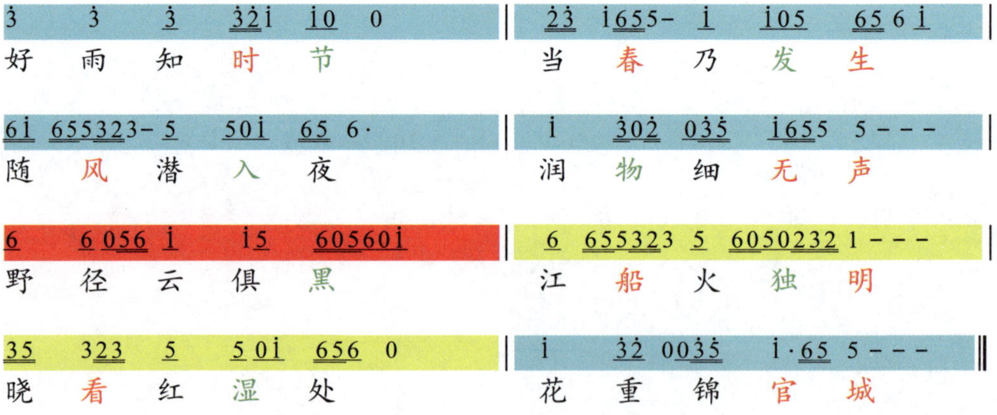

注：平起七绝的旋律用黄色标记，仄起七绝的旋律用蓝色标记，出现的新旋律素材用红色标记。

谱例【9.5】

由陈少松老师所传刘季高先生的吟诵调中

平起七律与仄起七律的旋律结构分析

1. 平起七律：钱塘湖春行

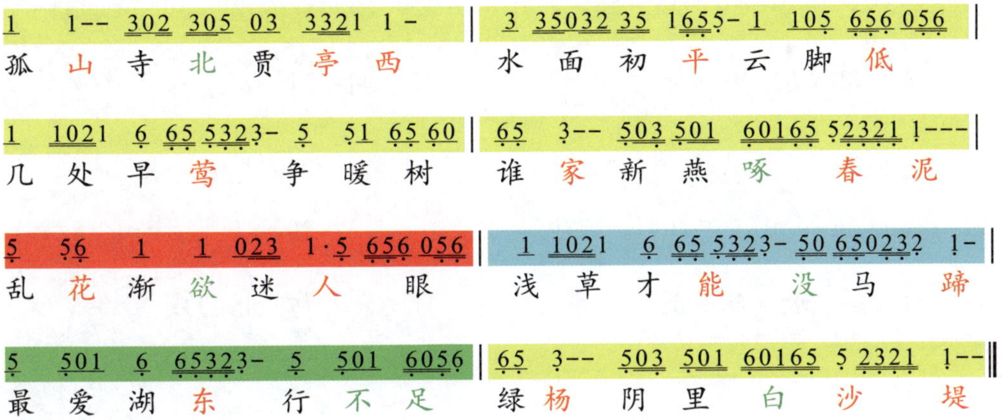

2. 仄起七律：无题

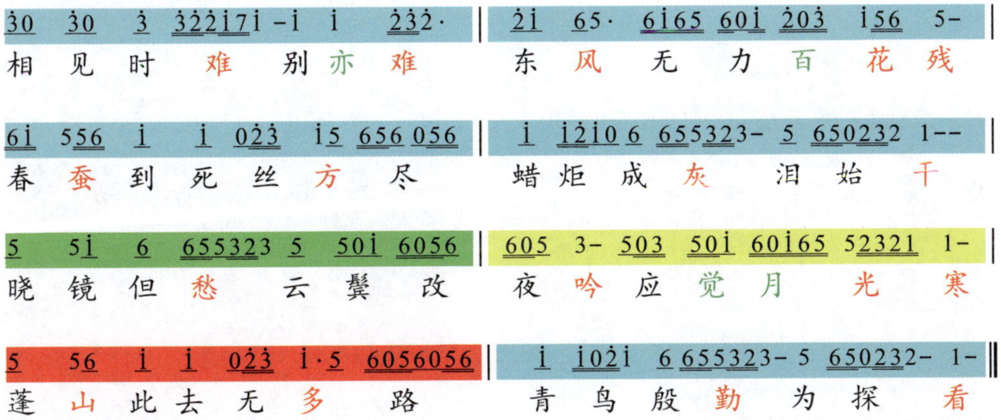

注：平起七绝的旋律用黄色标记，仄起七绝的旋律用蓝色标记，出现的新旋律素材分别用红色和绿色标记。

谱例【9.6】

左迁至蓝关示侄孙湘

胡水欣套调吟诵　陈少松老师传调　胡水欣记谱整理

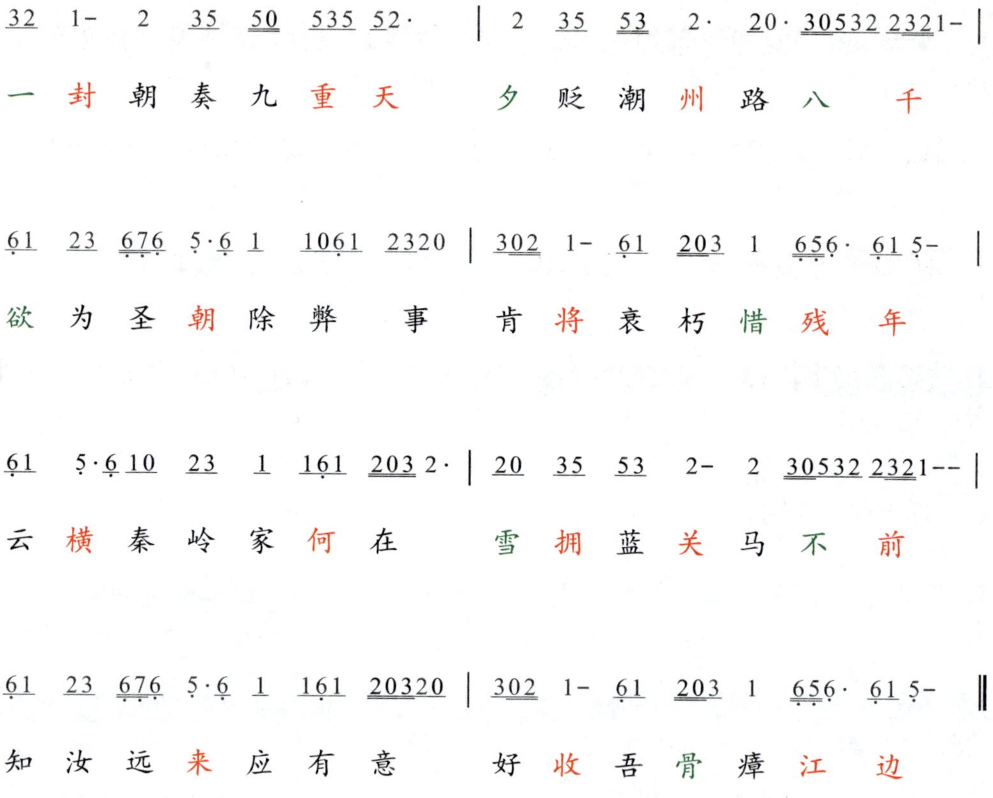

谱例【9.7】

由陈少松老师所传徐永端先生的吟诵调中

平起七律与仄起七律的旋律结构分析

1. 平起七律：新城道中・其一

32 1- 2 35 50 535 52· | 2 35 53 2· 20· 30532 2321- |
东 风 知 我 欲 山 行 吹 断 檐 间 积 雨 声

61 23 676 5·6 1 161 2320 | 302 1- 61 203 1 656· 61 5- |
岭 上 晴 云 披 絮 帽 树 头 初 日 挂 铜 钲

61 5·6 10 23 1 161 203 2· | 2 35 53 2- 2 30532 2321-- |
野 桃 含 笑 竹 篱 短 溪 柳 自 摇 沙 水 清

61 23 676 5·6 1 161 20320 | 302 1- 61 203 1 656· 61 5- ‖
西 崦 人 家 应 最 乐 煮 芹 烧 笋 饷 春 耕

2. 仄起七律：游山西村

2 35 32 1-- 12 35 2-- | 32 1- 61 203 10 656· 615· |
莫 笑 农 家 腊 酒 浑 丰 年 留 客 足 鸡 豚

61 5·6 1 203 1 161 23 2· | 2 35 53 2- 20 30532 2321- |
山 重 水 复 疑 无 路 柳 暗 花 明 又 一 村

61 23 676 5·6 1 161 23 2· | 32 1- 61 203 1 656· 615· |
箫 鼓 追 随 春 社 近 衣 冠 简 朴 古 风 存

61 5·6 10 23 1 161 203 2· | 2 35 53 2- 2 30532 2321-- ‖
从 今 若 许 闲 乘 月 拄 杖 无 时 夜 叩 门

注：平起七绝的旋律用黄色标记，仄起七绝的旋律用蓝色标记。

谱例【9.8】

池上

胡水欣套调吟诵　陈少松老师传调　胡水欣记谱整理

32	1 2	3	5	50 2 ·	|
小	娃	撑	小	艇	
2	35	30	232	1---	|
偷	采	白	莲	回	
601	203	6	76	506	|
不	解	藏	踪	迹	
1	1·	60	1	232·	|
浮	萍	一	道	开	
302	1 0	6	1·	203	|
不	解	藏	踪	迹	
1	1·	605	6 0	615·	‖
浮	萍	一	道	开	

谱例【9.9】

由陈少松老师所传徐永端先生的平起七绝《清明》吟诵

旋律中的关键音

32	1–	2	305	5	5 35	52· |
清	明	时	节	雨	纷	纷
2	35	53	2–	20	3·5 32	2321– |
路	上	行	人	欲	断	魂
61	23	676	5·6	1	161	2320 |
借	问	酒	家	何	处	有
302	1–	61	23	1	656·	61 5– ‖
牧	童	遥	指	杏	花	村

注：关键音包括起始音（黄色标注）、落音（蓝色标注）、主干音（红色标注）。

谱例【9.10】

观沧海

胡水欣套调吟诵　程滨老师传调　胡水欣记谱整理

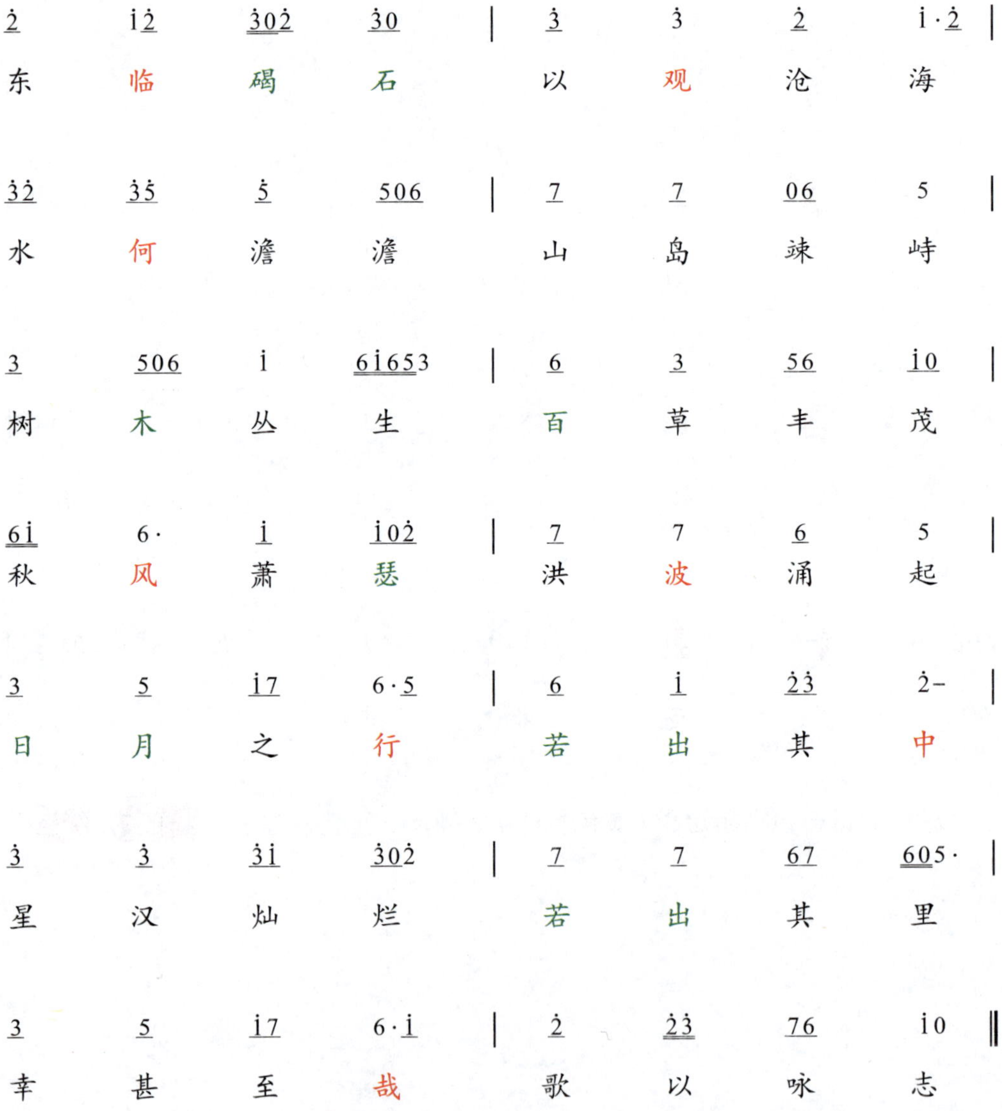

谱例【9.11】

早寒有怀

胡水欣套调吟诵　徐健顺老师传调　胡水欣记谱整理

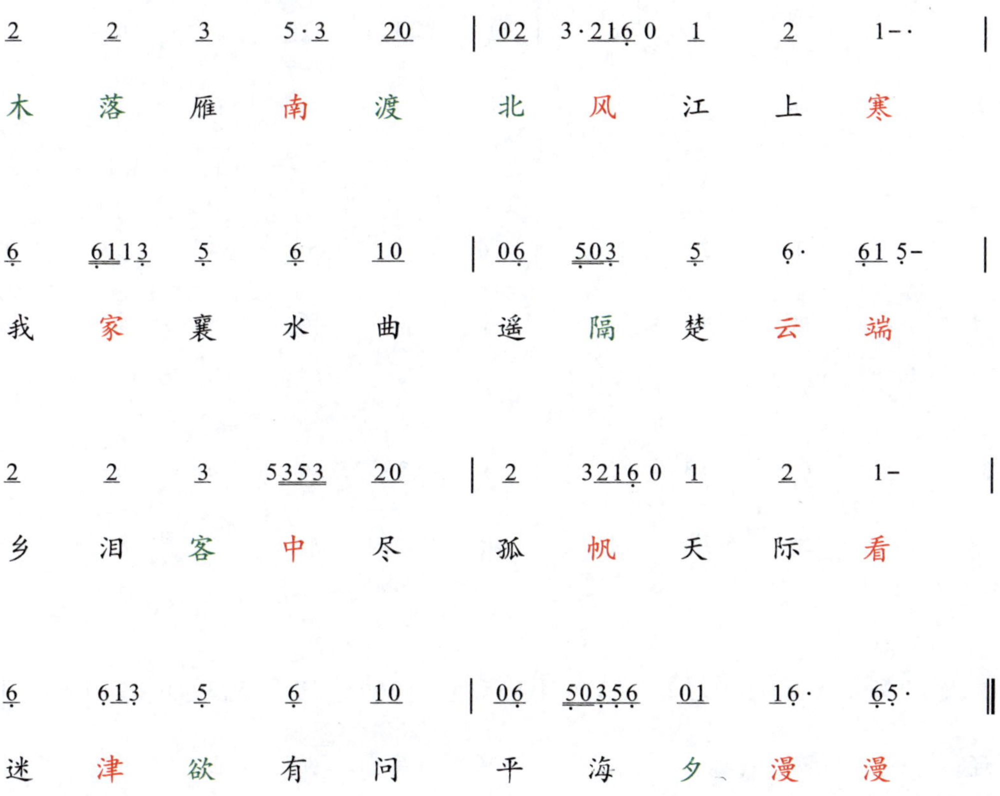

谱例【9.12】

宿桐庐江寄广陵旧游

胡水欣套调吟诵　徐健顺老师传调　胡水欣记谱整理

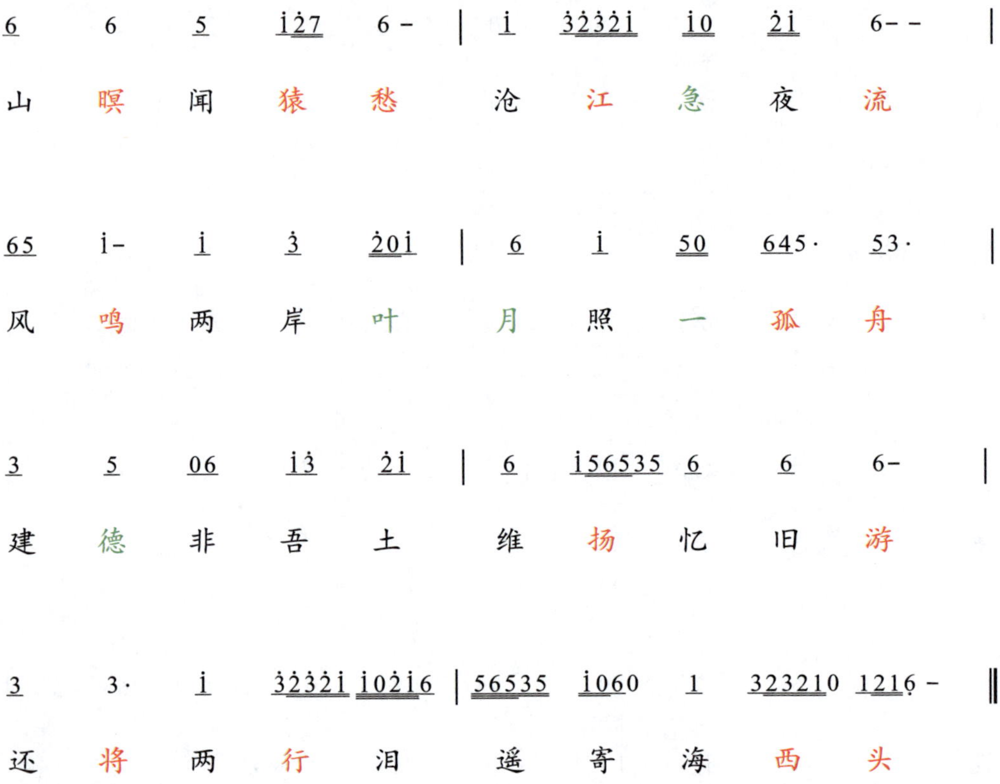

谱例【9.13】

凉州词

胡水欣套调吟诵 彭世强老师传调 胡水欣记谱整理

3	3---	2	3	1	12	27--	|
黄	河	远	上	白	云	间	
60	607	2	7-	2	7	53--	|
一	片	孤	城	万	仞	山	
3	30	5	7-	6	5-	3	|
羌	笛	何	须	怨	杨	柳	
72	7-	70	20	50	27	53--	‖
春	风	不	度	玉	门	关	

谱例【9.14】

竹枝词·其一

胡水欣套调吟诵　戴学忱老师传调　胡水欣记谱整理

2	2	3	3·	3	3	32· |
杨	柳	青	青	江	水	平
5	565	3	1	01	2·121	1 6· |
闻	郎	江	上	踏	歌	声
6	12	3	3	03	3·2	120 |
东	边	日	出	西	边	雨
7·	7	2	232	02	2032	56− ‖
道	是	无	晴	却	有	晴

谱例【10.1】

江南

胡水欣改编吟诵

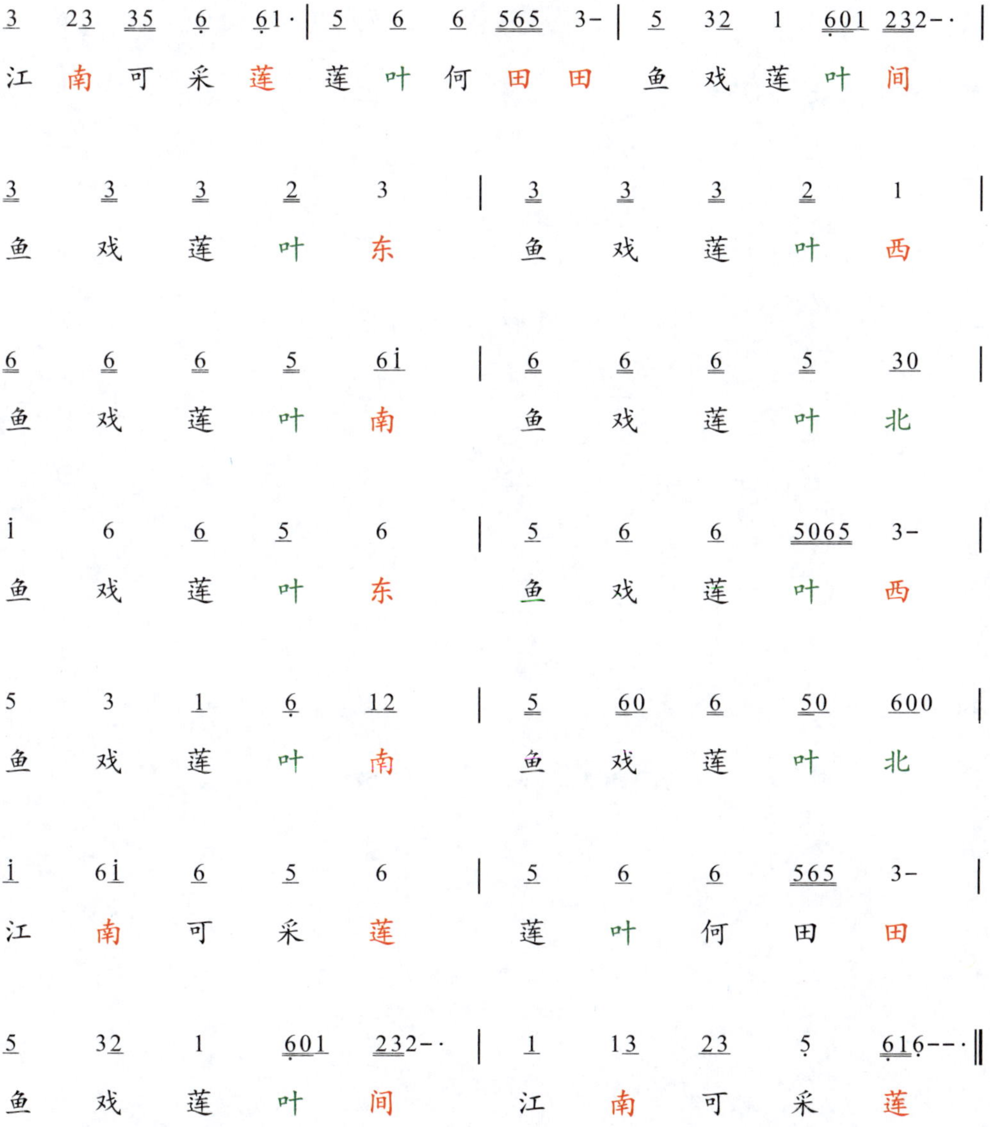

谱例【10.2】

村居

胡水欣创调吟诵

35	3	6	6·	76	50	6– |
草	长	莺	飞	二	月	天
6	1̇·	61̇	3	53	53	2– |
拂	堤	杨	柳	醉	春	烟
2	23	53	350	6	56	30 |
儿	童	散	学	归	来	早
35	53	3̇	2̇·	2̇03̇	5	6– ‖
忙	趁	东	风	放	纸	鸢

谱例【10.3】

泊秦淮

胡水欣创调吟诵

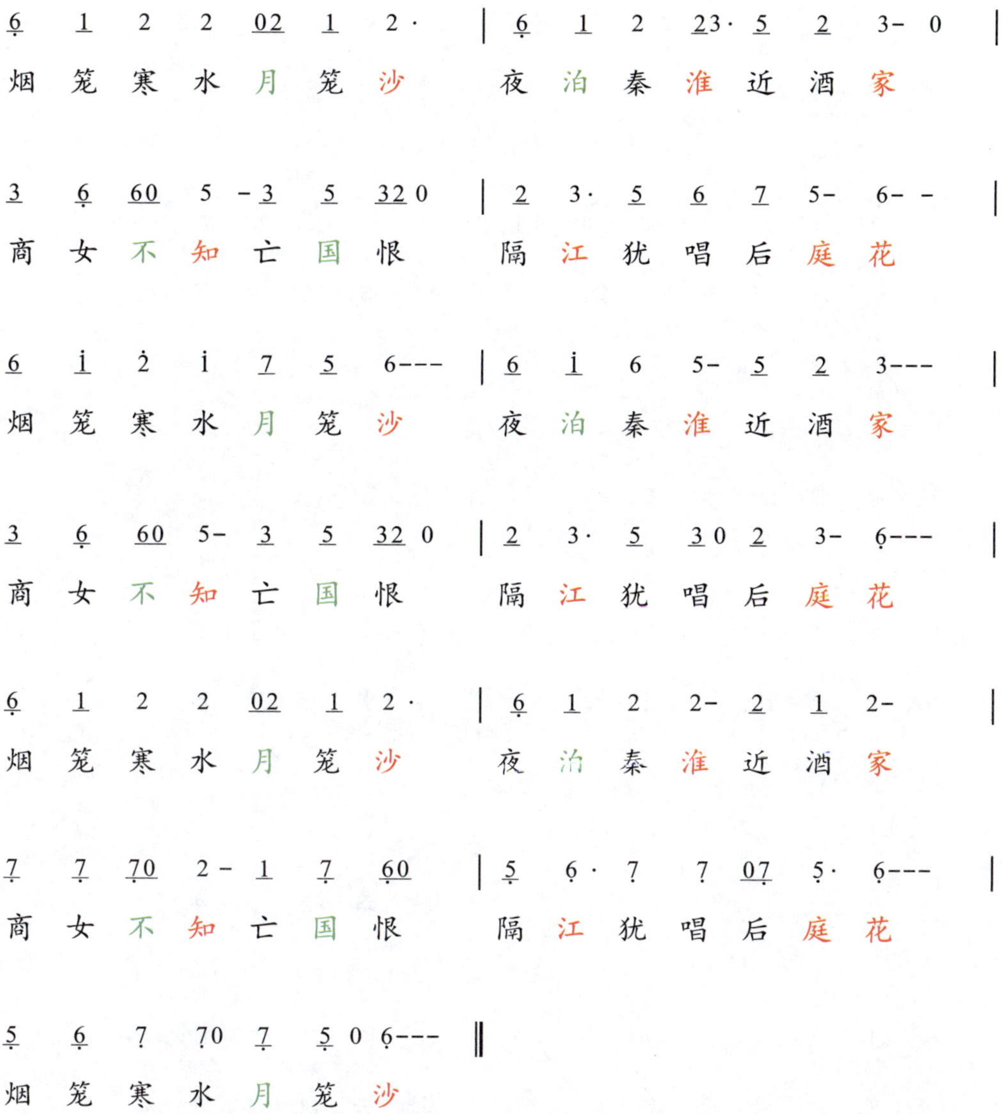

谱例【10.4】

行路难·其一

胡水欣创调吟诵

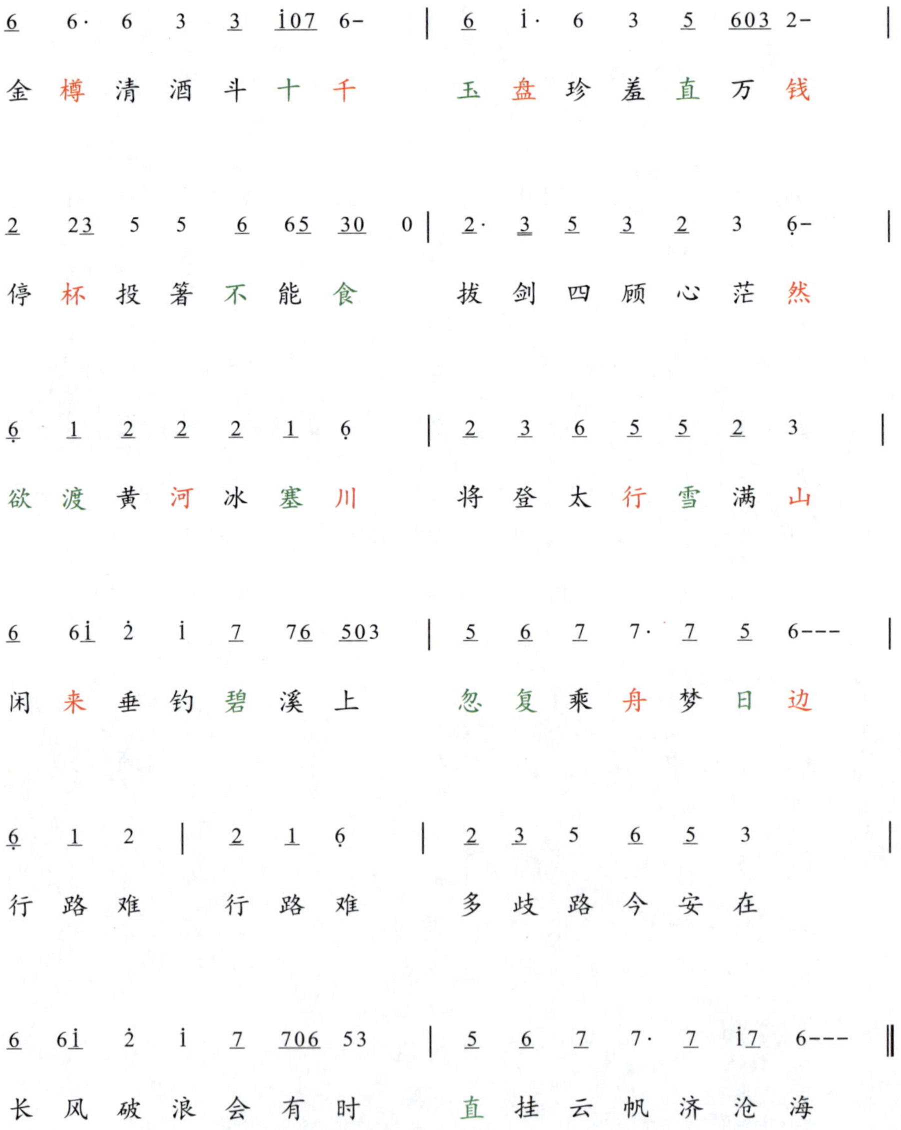

谱例【10.5】

卖炭翁

胡水欣创调吟诵

6 65 6- | 6 i 6 5 6 65 3- |

卖 炭 翁　伐 薪 烧 炭 南 山 中

2 3 5 3 2 1 200 | 2 3 2 1 0 7 5 600 |

满 面 尘 灰 烟 火 色　两 鬓 苍 苍 十 指 黑

6 1 20 23 2 1 12· | 6 5 6 5 3 5· 300 |

卖 炭 得 钱 何 所 营　身 上 衣 裳 口 中 食

2 3 5 3 2 1 2- | 2 3 2 10 0 7 5· 6- |

可 怜 身 上 衣 正 单　心 忧 炭 贱 愿 天 寒

6 1 2 3 2 1 200 | 3 5 6 5 3 5 300 |

夜 来 城 外 一 尺 雪　晓 驾 炭 车 辗 冰 辙

2 3 5 3 2 1 2- | 2 3 2 10 7 5· 600 |

牛 困 人 饥 日 已 高　市 南 门 外 泥 中 歇

2 1 2 3 6 1 20 | 3 5 6 5 3 5 300 |

翩 翩 两 骑 来 是 谁　黄 衣 使 者 白 衫 儿

2 3 5 3 2 1 200 | 2 3 50 6 7 5 600 |

手 把 文 书 口 称 敕　回 车 叱 牛 牵 向 北

6 i 2 2 i 6 | 6 i 6 5 6 50 300 |

一 车 炭 千 余 斤　宫 使 驱 将 惜 不 得

2 3 5 6· 6 65 3 | 5 6 7 7· 7 5 600 |

半 匹 红 绡 一 丈 绫　系 向 牛 头 充 炭 直

6 1 2 2 1 6 | 7 7 7 7· 7 5 6- ‖

一 车 炭 千 余 斤　半 匹 红 绡 一 丈 绫

后记

HOUJI

本书终于完稿，内心既没有轻松也没有愉悦，有的只是忐忑和不安。虽然这本书从酝酿到完成历经八年之久，撰写的结构、内容被无数次地打破重组，可定稿中还是存在太多的不完美：打谱不够精准、唱功不够到位、对文本的解读不够深入，等等。这些不足之处，展示了笔者目前处在吟诵学习阶段的真实水平，却也是我日后学习的动力和方向。

吟诵是值得笔者为之探寻一生的艺术。通过吟诵，笔者被先贤们孝悌忠信的侠骨柔情所感动，更被他们精忠报国、高情远致的情怀所折服。其文章义理中所渗透出的明德惟馨、任重道远、匹夫之责、百折不挠、知难而进的思想也慢慢化为自己的立德之本，言行之纲。笔者认为，虽然自己的吟诵能力有限，可吟诵的目的也达到了，取得了这么丰厚的学习回报，也是值得为之欢庆和鼓舞的。“学而后知不足，教而后知困”，“路漫漫其修远兮，吾将上下而求索”，在吟诵的学习道路上笔者将继续与同伴们不断前行，日益精进。

就目前来看，全国各大高校中，湖北文理学院是唯一将吟诵课程开设在音乐学院的学校。在此感谢学院各级领导对吟诵推广工作的大力支持与帮助。

最后，还要特别感谢湖北文理学院音乐与舞蹈学院的甘立雄老师。甘老师利用休息时间，无数次帮我调试最为合用的“打谱软件”。其“孜孜不倦”的帮助，着实让我感激。胡修语同学在枯燥冗长的录音过程中，经常提出中肯的高水准建议，尽职尽责，倾心付出，在此一并表示感谢。

胡水欣

2020 年 4 月

参考文献

CANKAOWENXIAN

[1] 王力 . 诗词格律概要 [M]. 北京：北京出版社，2002.

[2] 施向东 . 诗词格律初阶 [M]. 天津：天津大学出版社，2001.

[3] 龙榆生 . 词曲概论 [M]. 北京：北京出版社，2009.

[4] 吴梅 . 词学通论 曲学通论 [M]. 上海：上海古籍出版社，2013.

[5] 夏承焘，吴熊和 . 读词常识 [M]. 上海：中华书局，2000.

[6] 刘大杰 . 中国文学发展史 [M]. 上海：复旦大学出版社，2006.

[7] 钱志熙 . 唐诗近体源流 [M]. 北京：北京大学出版社，2015.

[8] 吴相洲 . 唐诗创作与歌诗传唱关系研究 [M]. 北京：北京大学出版社，2004.

[9] 赵敏俐，吴相洲，等 . 中国古代诗歌研究——从《诗经》到元曲的艺术生产史 [M]. 北京：北京大学出版社，2005.

[10] 周仕慧 . 乐府诗体式研究 [M]. 北京：北京大学出版社，2013.

[11] 周仕慧 . 琴曲歌辞研究 [M]. 北京：北京大学出版社，2009.

[12] 曾智安 . 乐府诗音乐形态研究——以曲调考察为中心 [M]. 北京：北京大学出版社，2013.

[13] 王步高 . 披沙拣金说唐诗 [M]. 福州：福建教育出版社，2010.

[14] 杨荫浏 . 中国古代音乐史稿 [M]. 北京：人民音乐出版社，1981.

[15] 秦德祥 . “绝学”探微——吟诵文集 [M]. 上海：上海三联书店，2010.

[16] 陈少松 . 古诗词文吟诵研究 [M]. 北京：社会科学文献出版社，

1996.

[17] 陈少松 . 古诗词文吟诵研究 [M] .3 版 . 上海：中华书局，2017.

[18] 徐健顺，陈琴 . 我爱吟诵 [M] . 长春：长春出版社，2010.

[19] 徐健顺，陈琴 . 我爱吟诵 [M] .3 版 . 桂林：广西师范大学出版社，2015.

[20] 叶嘉莹 . 古典诗歌吟诵九讲 [M] . 桂林：广西师范大学出版社，2014.

[21] 庄永平 . 中国古代声乐腔词关系史论稿 [M] . 上海：上海三联书店，2017.